3학년 1학기

미리 보는
초등 국어
교과서

미리 보는 3학년 1학기
초등 국어 교과서

초판 1쇄 2018년 1월 5일

엮은이 | 김희진·최욱동
그린이 | 차은실
펴낸이 | 조영진
펴낸곳 | 고래가숨쉬는도서관
출판등록 | 제406-2012-000082호
주소 | 경기도 파주시 회동길 329 (서패동) 2층
전화 | 031-955-9680~9681 팩스 | 031-955-9682
홈페이지 | www.goraebook.com
이메일 | goraebook@naver.com

ISBN 979-11-87427-53-7 64700
      979-11-86620-13-1 64700(세트)

품명 도서 | 전화번호 031-955-9680 | 제조년월 2018년 1월
제조국명 대한민국 | 제조자명 고래가숨쉬는도서관
주소 경기도 파주시 회동길 329 2층 | 사용 연령 9세 이상
＊KC마크는 이 제품이 공통안전기준에 적합하였음을 의미합니다.

3학년 1학기

미리 보는
초등 국어
교과서

엮은이 **김희진·최욱동** | 그린이 **차은실**

고래가
숨 쉬는
도서관

미리 보는 초등 국어 교과서를 읽기 전에

우리는 왜 국어 공부를 해야 될까요? 한국인으로서 소통하고, 사고하는 데 큰 역할을 하는 것이 국어입니다. 국어는 우리의 말과 글, 우리 문화를 배우는 중요한 과목입니다. 또한 국어는 내 생각과 다른 사람의 생각을 표현하는 데 가장 편리하고 효과적인 수단입니다. 그리고 다른 과목을 공부하는 데 도움을 주는 과목이기도 합니다.

학교에서 국어를 배우게 된 어린이들은 국어가 시시하다고 생각하기도 합니다. 하지만 어떤 어린이들은 어렵다고 생각하기도 합니다. 그렇다면 국어 공부가 어렵다고 생각하는 친구들은 어떻게 공부해야 할까요? 아마 교과서에 있는 내용을 미리 접해 볼 수 있다면 학교 공부에 대해 자신감을 가질 수 있을 것입니다.

사람의 말은 서로 표현하고 대화하려는 노력 속에서 생겨났습니다. 그런데 말로 하다 보니 약속된 상징, 도구의 필요성이 생겨서 글이 만들어졌답니다. 세종대왕이 나라를 다스리기 전까지 우리나라 사람들은 중국의 한자를 썼습니다. 그런데 쓰는 글이 너무 많고 어려워서 공부를 많이 한 분들도 다 이해하지 못했답니다. 그래서 세종대왕이 사람의 입 모양을 살펴보고 사람들이 살아가는 원리를 적용한 쉽고 과학적인 글자를 만들었습니다. 그것이 우리의 글인 한글입니다.

이렇게 오랜 역사를 가진 한글을 바탕으로 한 국어 공부를 시작하기 전에 국어에 대한 관심과 자신감을 얻을 수 있는 방법은 없을까요? 이런 어린이들의 마음을 살펴서 만든 것이 바로 『미리 보는 초등 국어 교과서』입니다.

이 책은 2018년 새 국어 교과서의 내용을 충실히 반영하였습니다. 국어 교과서는 학기별로 『국어』 2권, 『국어 활동』 1권으로 구성되어 있습니다. 이 책은 『국어』 가 권, 나 권, 그리고 보조 교과서인 『국어 활동』의 내용을 한 권에 모두 담았습니다. 학습 현장에서 공부하는 교과서의 구성에 따라 만들었으므로 교과서의 흐름을 미리 살펴볼 수 있습니다.

　『미리 보는 초등 국어 교과서』에는 국어 교과서에 있는 흥미로운 이야기와 언어 사용 영역(듣기·말하기·읽기·쓰기) 그리고 현직 초등학교 선생님이 들려주는 도움말과 친근한 그림들이 담겨 있습니다. 어린이들이 이해하기 쉬운 말과 그림으로 구성되어 있어 읽는 내내 즐겁고, 머릿속에도 쏙쏙 들어옵니다. 재미있게 읽어 나가고, 흥미로운 질문과 놀이 활동에 대답을 하다 보면 자신도 모르게 국어 실력이 쑥쑥 자라는 것을 느낄 수 있을 것입니다.

　이 책은 교과서 검토에 참여한 현직 초등학교 교사와 교육 관련 전문가가 직접 쓴 책입니다. 교과서의 내용을 충실히 따르면서 학생들이 국어 과목에 관심과 흥미를 느낄 수 있도록 연구하며 이 책을 썼습니다. 『미리 보는 초등 국어 교과서』를 통해 여러분이 국어에 대해 새로운 깨달음을 얻고 국어 과목이 가진 재미를 깨닫기를 기대합니다.

차 례

국어 3-1 나

이 책의 특징

- 2018년 개정 교과서의 내용을 충실히 반영하였습니다.
- 학교 현장에서 공부하는 교과서의 구성에 따라 만들었습니다.
- 교과서의 구성에 맞게 교과서의 흐름을 미리 살펴볼 수 있도록 하였습니다.
- 캐릭터들이 학습 도우미로 나와 공부하면서 궁금한 점을 같이 해결할 수 있습니다.
- 학생들이 자기 스스로 학습 활동을 해 보며 자기 주도 학습이 가능하도록 구성하였습니다.

이 책의 구성과 활용

준비

단원 학습을 위한 준비 활동을 하고 학습 계획을 세웁니다.

기본

단원에서 배워야 할 내용을 익히고 연습합니다.

실천

단원에서 배운 내용을 새로운 상황에 적용하고, 단원 학습 내용을 정리합니다.

국어 활동

국어 수업 시간에 활용하거나 집에서 공부할 때 활용할 수 있습니다.

정리

단원 전체 학습에 대해 정리하고 생활 속에서 실천할 수 있는 방안을 생각해 봅니다.

학습 도우미

공부하면서 궁금한 점이 생기면 선생님, 염소, 강아지 친구, 토끼 친구들의 이야기를 잘 들으며 공부할 내용을 점검하고 도움을 받을 수 있습니다. 또한 친근하게 공부를 할 수 있어 학생들의 흥미와 재미를 유발하게 합니다.

학습 목표 책을 끝까지 읽고 중요한 내용이나 인상 깊은 장면을 말할 수 있어요.

배울 거리 읽을 책을 정하고 내용 예상하기

이렇게 배워요

책은 혼자서 읽을 수도 있고, 같은 책을 친구들과 함께 읽을 수도 있어요.
책을 고르기 전에 누구와 읽을지 정해 보세요.

선생님과 함께 미리 보는 국어책

자신이 읽고 싶은 책을 골라 혼자서 읽어요.

혼자

짝과 읽고 싶은 책을 골라 함께 읽어요.

짝

모둠

모둠 친구들과 의논해 읽고 싶은 책을 고르고, 함께 읽어요.

학급

책을 한 권 골라 반 친구들과 함께 읽어요.

배울 거리 여러 가지 책을 살펴보고 읽을 책을 정해 보기

 이렇게 배워요

세상에는 굉장히 많은 책이 있어요. 어떤 책을 읽을지 여러 가지 책을 살펴보고 읽을 책을 정해 보세요.

 선생님과 함께 미리 보는 국어책

여러 가지 다양한 분야의 책 중에서 내가 읽을 책을 고르려면 무엇을 생각해야 할까요? 다음 책을 고르는 방법을 읽어 보고 이 방법에 따라 어떤 책을 읽을 것인지 판단하여 골라 보세요.

 책을 고르는 방법을 알아보세요.

> - 책 내용이 평소에 관심이 많은 분야인가요?
>
> - 책은 어떤 내용을 담고 있나요?
>
> - 책을 펴서 읽은 부분이 잘 이해되나요?
>
> - 어느 한 쪽을 폈을 때 낱말들을 이해하기 쉬운가요, 어려운가요?

읽을 책을 고를 때는 집, 학급 문고, 학교 도서관, 지역 도서관 등에서 살펴볼 수 있어요.

혼자서 읽을 때 읽을 책을 결정해 보세요.

- 책 내용이 평소에 관심이 많은 분야인가요?
- 책은 어떤 내용을 담고 있나요?
- 책을 펴서 읽은 부분이 잘 이해되나요?
- 어느 한 쪽을 폈을 때 낱말들을 이해하기 쉬운가요, 어려운가요?

초록색 책은 아마도 겉표지나 내용을 간단히 보니까 우주에 대해서 소개하는 책 같아.

노란색 표지의 책은 지난 번에 독서 대회에서 읽었던 작가의 책이야. 내가 가장 좋아하는 작가야.

파란색 책을 넘기며 살펴보니 과학 사진이 많아서 이해가 잘 되고 좋아.

책을 펼쳤을 때 모르는 낱말이 거의 없어서 이해하기가 쉬워.

자신이 읽을 책을 결정해 보세요.

어떤 책을 선택했나요? 선택한 까닭을 이야기해 보세요.

> **내가 선택한 책의 이름**
>
>
>
> **책을 선택한 까닭**

읽을 책을 고를 때 혹시 마음에 드는 책이 여러 권일 때에는
좀 더 자세히 살펴보고 결정해 봐요. 읽을 책을 고를 때
그전에 내가 재미있게 읽었던 책이 무엇이었는지 떠올려 보세요.
그와 비슷한 종류의 책을 찾아보는 것도 도움이 될 수 있어요.
그리고 두꺼운 책을 읽는다고 해서 꼭 좋은 것은 아니에요.
그림책도 좋답니다. 또, 책 표지나 지은이, 그림을 그린 사람의
이름을 보고 다른 책에서 본 적이 있는지 생각해 보세요.

친구와 함께 읽고 싶은 책과 그 까닭을 이야기해 보세요.

파란색 표지의 책이
쪽수도 적당하고
우리와 같은 초등학생이
주인공이라서 쉽고
재미있게 읽을 수
있을 것 같아.

노란색 표지의
책 그림을 보니 사회
시간에 배웠던 우리 조상의
생활 모습이 나와서
재미있을 것 같아.

우리 모둠에서
초록색 표지의 책을
같이 읽으면
이야깃거리가
많을 것 같아.

주황색 표지의 책은
그림이 많아서 이해가 쉽고,
낱말들이 크게 어렵지
않아서 모든 친구들이
내용을 이해하기가
쉬울 것 같아.

 그림과 표지를 살펴보고 내용 예상하기

 이렇게 배워요

읽을 책을 골랐다면 책의 표지와 그림, 차례들을 살펴보며 어떤 내용을 담고 있을지 예상해 보세요.

 선생님과 함께 미리 보는 국어책

제목을 살펴보면서 어떤 이야기일지 생각합니다.

표지 그림을 보고 책의 내용을 예상합니다.

제목을 보니 미래 사회가 궁금해져.

로봇이 청소를 하고 있어. 뭔가 흥미로울 것 같은데?

책 제목
미래 직업, 어디까지 아니?

차례를 살펴보면 어떤 내용이 나올지 알 수 있어요.

제목을 살펴보면서 어떤 이야기일지 생각해 보세요.

미래 직업에 대해 분야별로 이야기하고 있을 것 같아.

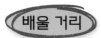 책 읽기 방법을 정하고 자신의 경험과 관련지어 읽기

 이렇게 배워요

읽을 책을 고른 뒤, 어떤 방법으로 책을 읽을지에 대해 생각해 보세요.

 선생님과 함께 미리 보는 국어책

선생님이 읽어 주기	소리 내지 않고 혼자 읽기

선생님과 번갈아 가며 읽기	친구와 번갈아 가며 읽기

내가 정한 읽기 방법을 적어 보세요.

내가 정한
읽기 방법

 앞에 제시한 네 가지 방법 외에도
혼자 소리 내며 읽기 등 여러 가지 나만의
다른 방법을 생각해도 좋아요.

 자신의 경험과 관련지어 가며 책을 읽어 보세요.

책을 읽고, 책에 나오는 인물의 마음이 어떨지 짐작해 보고
비슷한 경험이 있는지 생각해 보세요. 비슷한 경험이 있다면
그때의 나는 어떤 마음이 들었는지 생각해 보세요.

 책에 나오는 인물이 느낀 마음과 내가 겪었던 비슷한 경험이 있는지 떠올려 보세요.

이 책에 나오는 나그네는
무서운 호랑이를 구해 주다니,
정말 용기가 대단한 것 같아.

나도 언젠가 길가에서 울고 있는
강아지를 보살펴 준 적이 있어.

배울 거리 책 내용을 간추리고 생각 나누기

 책 한 권을 끝까지 읽고 나서 책의 내용을 간추려 보세요.

> **책 제목**
>
> _____
>
> _____
>
> _____
>
> _____
>
> _____
>
> _____
>
> _____
>
> _____

> 정보나 사실을 담고 있는 설명하는 글은 문단의 중심 내용을
> 찾아서 간추리면 좋아요. 흥미로운 사건 등을 담고 있는 이야기 글은
> 사건의 흐름에 따라 내용을 간추리면 좋습니다.

책 한 권을 모두 읽고, 새롭게 알게 된 내용을 정리해 보세요.

책 제목

새롭게 알게 된 점	더 알고 싶은 점
· · ·	· · ·

정리한 내용을 친구들과 함께 이야기 나누어 보세요.

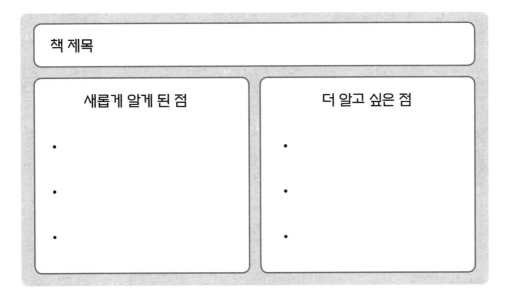

책을 읽을 때마다 지식이 쌓이는 것 같아서 좋아.

책을 읽으면서 모르는 단어들의 뜻을 찾아 볼 수 있어서 좋아.

점점 두꺼운 책을 읽을 수 있게 된 것 같아.

 책을 읽은 후, 가장 기억에 남는 장면과 그 까닭을 생각하며 정리하는 활동을 해 보는 것도 좋아요.

 되돌아보기 독서 활동 돌아보기

🌸 이렇게 배워요

독서 단원에서는 아이들이 독서 습관을 기를 수 있도록 책 한 권을 긴 호흡으로 읽고, 듣고, 말하고, 쓰는 실제 활동에 관해 배웠어요. 배운 내용을 떠올리며 생활 속에서 실천해 보세요.

🦋 독서 활동을 한 후에 다음의 질문에 나의 답을 표시하고 나의 독서 활동이 어떠했는지 생각해 보세요.

질문	내 생각
• 자신에게 맞는 책을 정했나요?	● ● ●
• 모르는 낱말을 찾아 가며 읽었나요?	● ● ●
• 책을 읽고 생각과 느낌을 잘 말했나요?	● ● ●
• 정한 책을 끝까지 읽었나요?	● ● ●

매우 잘함 ●●● 잘함 ●● 보통임 ●

 더 찾아 읽고 싶은 책이 있는지 생각해 보고 읽고 싶은 책 목록을 작성해 보세요.

순서	책 제목	글쓴이	출판사

나의 독서 습관은 어떠할까요? 다음 질문에 답을 체크하며 나의 독서 습관을 확인해 보세요.

서점이나 책이 많은 곳에 가면 기분이 좋다

새 책을 읽기 시작할 때 마음이 설렌다.

읽은 책에 대해 다른 사람과 이야기하는 것을 좋아한다.

내가 책 속의 등장인물이 된 것 같은 느낌으로 읽는다.

 학습 목표   감각적 표현의 재미를 느끼며 작품을 읽을 수 있어요.

 배울 거리   느낌을 살려 사물을 표현하기

🌸 **이렇게 배워요**

사물에 대한 생생한 느낌을 살려 표현해 보세요.

🌸 **선생님과 함께 미리 보는 국어책**

그림을 보고 물음에 답해 보세요.

엄마와 진희는 무엇을 하고 있었나요?

| |
| |

진희와 진수는 각각 봄의 느낌을 어떻게 표현하였는지 생각해 보세요.

진희	진수

진수가 표현한 "폭", "팡"은 무슨 소리인가요?

| |
| |

우리는 눈으로 보고, 귀로 듣고, 입으로 맛보고 코로
냄새를 맡고, 손으로 만지면서 사물을 느낄 수 있어요. 사물에 대한
느낌을 생생하게 표현한 것을 감각적 표현이라고 해요.

봄이 오는 모습을 감각적으로 표현해 보고 그림을 그려 보세요.

그림을 보고 그림을 잘 표현한 감각적 표현을 아래의 보기 에서 찾아 써 보세요.

보기
총총 내리는 봄비   새싹의 초록빛 발차기
쉬이익 쉬이익 파도의 숨소리

'무엇일까요?' 놀이를 해 보세요.

놀이방법

❶ 상자 속에 여러 가지 물건을 넣습니다.

❷ 한 친구가 앞에 나와서 상자 속에 있는 여러 가지 물건 가운데에서 하나를 골라 눈으로 보고, 냄새를 맡고, 소리를 듣고, 손으로 만져 봅니다.

❸ 다른 친구들에게 고른 물건의 모양과 냄새, 소리와 촉감을 생생하게 설명합니다.

❹ 다른 친구들은 설명을 듣고 그 물건이 무엇인지 알아맞힙니다.

 배울 거리 시에 나타난 감각적 표현 알기

 이렇게 배워요

다음은 「소나기」라는 시의 일부분입니다. 비 오는 날의 느낌을 떠올리며 읽고, 시에 나타난 감각적 표현을 찾아보세요.

> 사물에 대한 느낌을 생생하게 표현한 것을
> 감각적 표현이라고 해요. 시에 나타난 감각적 표현은 대상을
> 직접 보거나 듣는 것처럼 생생하게 느껴지도록 하지요.

 선생님과 함께 미리 보는 국어책

또로록 마당 가득
실로폰 소리 난다.

 이 부분을 읽으면 어떤 장면이 떠오르나요?

> 비가 내리는 모습이 음표가
> 떨어지는 것처럼 느껴집니다.

> 눈을 감고 비가 오는 소리를 들으면
> 마당 한가운데에서 누군가가 실로폰을
> 연주하는 장면이 떠오릅니다.

비가 오는 소리를 다양하게 표현해 보세요.

 비가 내리는 모습이나 비가 내릴 때 나는 소리를 떠올려 보세요. 비가 오는 소리는 쉬이익 쉬익 쏴아, 후드드드득 후드득, 촤아아악, 툭툭 투투득 툭툭 등으로 다양하게 표현할 수 있어요.

 '또로록'은 '소나기 내리는 소리'를 표현한 부분입니다. '또로록'이라는 표현을 넣고 읽을 때와 빼고 읽을 때의 차이점은 무엇인지 생각해 보세요.

 또로록을 넣고 읽었을 때와 또로록을 넣지 않고 읽었을 때 드는 느낌을 비교해 보세요. 어떤 경우가 더 재미있게 느껴지고 비가 내리는 모습이 생생하게 느껴지는지 생각해 보세요.

 "또로록"은 비가 내리는 소리를 흉내 내는 말입니다. 시의 장면이 더 재미있고 생생하게 느껴지도록 도와주는 말이지요. 이런 표현을 감각적 표현이라고 합니다.

🦋 다음 (   ) 안에 들어갈 알맞은 말을 보기 에서 찾아 쓰세요.

보기
아름답게 꾸미듯이   모습이 보이듯이
소리가 들리듯이   복잡하고 혼동되듯이

(   ), (   ) 나타낸
표현을 '감각적 표현'이라고 합니다.

🦋 감각적 표현이 잘 나타난 이야기를 읽을 때 좋은 점을 찾아 ○표를 해 보세요.

이야기의 흐름을 정확하게 이해할 수 있다.

이어질 이야기를 쉽게 상상할 수 있다.

이야기의 장면이 눈앞에 잘 그려진다.

이야기를 시로 바꾸어 쓸 수 있다.

감각적 표현이란, "피리 소리가 났어요."라는 표현 대신
"피리리리, 필리리, 삐이익! 피리 소리가 났어요."와 같이 좀 더
생생하고 실감나게 느끼도록 나타내어 주는 표현을 말해요.

파란색으로 쓰인 낱말의 표기에 주의하며 글을 읽어 보세요.

수업이 끝나고 집에 갔더니 내 동생 아영이가 나에게 달려왔다. 아영이는 손을 쓱 내밀며 말했다.

"언니, 이거 먹어."

아영이가 내민 손에는 부서진 과자가 있었다.

옆에 계시던 어머니께서 말씀하셨다.

"오늘, 유치원에서 생일잔치를 했대. 언니에게 주겠다고 그것을 남겨 왔지 뭐니?"

심술장이라고 생각했던 아영이가 달라 보였다.

"고마워, 아영아."

나는 아영이 손에 놓인 과자를 먹었다. 내가 먹는 것을 보고 아영이는 싱글벙글 웃기만 했다. 나는 과자 부스러기가 묻어 있는 아영이의 손을 깨끗히 씻겨 주었다. 아영이가 심술을 부려도 화내지 않고 봐주어야겠다.

 '- 장이'는 '어떤 기술을 가진 사람'이라는 뜻을 더하는 말이고, '- 쟁이'는 '어떤 특성이 있는 사람'이라는 뜻을 더하는 말입니다. 또 '깨끗히', '반듯히' 등은 '깨끗이', '반듯이' 등으로 써야 합니다. '심술장이', '깨끗히'를 바르게 고쳐 써 보세요.

심술장이	→	

깨끗히	→	

배울 거리 이야기를 읽고 감각적 표현 알기

이렇게 읽어요

다음은 이야기 「바삭바삭 갈매기」라는 글에 나타난 감각적 표현을 찾아 모아 놓은 것입니다. 각각의 감각적 표현이 나타내고자 하는 것이 무엇일지 떠올리며 읽어 보세요.

선생님과 함께 미리 보는 국어책

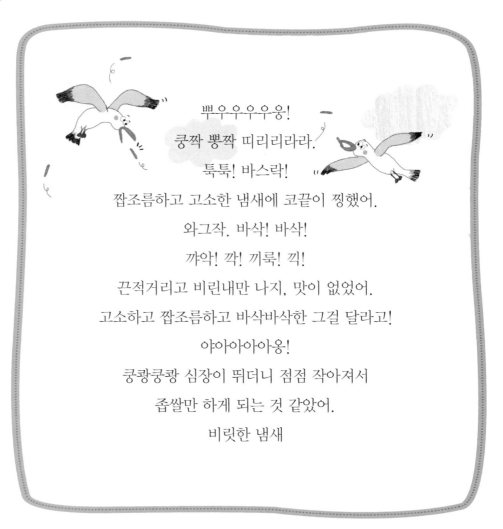

뿌우우우우웅!

쿵짝 뽕짝 띠리리라라.

툭툭! 바스락!

짭조름하고 고소한 냄새에 코끝이 찡했어.

와그작. 바삭! 바삭!

꺄악! 깍! 끼룩! 끽!

끈적거리고 비린내만 나지, 맛이 없었어.

고소하고 짭조름하고 바삭바삭한 그걸 달라고!

야아아아아옹!

쿵쾅쿵쾅 심장이 뛰더니 점점 작아져서

좁쌀만 하게 되는 것 같았어.

비릿한 냄새

감각적 표현 중에서 각각 소리, 냄새, 맛, 촉감으로 표현한 것을 구분해 보세요.

귀로 들은 소리를 생생하게 표현한 것	뿌우우우웅! 쿵작 뽕짝 띠리리라라. 바스락! 와그작. 바삭! 바삭! 꺄악! 깍! 끼룩! 깍! 야아아아아옹!
코로 맡은 냄새를 생생하게 표현한 것	짭조름하고 고소한 냄새에 코끝이 찡했어. 비릿한 냄새
입에서 느껴지는 맛을 생생하게 표현한 것	고소하고 짭조름하고 바삭바삭한 그걸 달라고!
피부에서 느껴지는 촉감을 생생하게 표현한 것	끈적거리고 / 쿵쾅쿵쾅 심장이 뛰더니 점점 작아져서 좁쌀만 하게 되는 것 같았어.

감각적 표현이란, 실제로 보았거나 직접 들었을 때, 또는 실제로 맛보거나 만져 봤을 때의 느낌을 생생하고 재미있게 표현한 거예요.

다음 친구들의 대화를 읽고, 일상생활에서 감각적 표현을 언제 사용하면 좋을지 떠올려 보세요.

어머니께서 만들어 주신 음식이 맛있을 때 감각적 표현으로 실감 나게 표현하면 좋을 것 같아.

친구에게 내가 좋아하는 물건을 소개할 때 감각적 표현을 사용하면 좋을 것 같아.

 감각적 표현을 배우기 위해서는 이야기책에서 감각을 살려 어떻게 표현했는지 주의 깊게 읽어야 해요. 또, 텔레비전을 볼 때 다른 사람은 감각적으로 어떻게 표현하는지를 주의 깊게 살피는 것이 좋아요.

내 생각

🦋 인물 인터뷰하기 놀이를 해 보세요.

❶ 모둠에서 이야기 속 인물 역할을 할 친구를 정합니다.

❷ 다른 친구들은 이야기 속 인물에게 할 질문을 정합니다.

❸ 이야기 속 인물이 된 친구는 다른 친구들의 질문에 답합니다.

질문	대답

감각적 표현을 중심으로 이야기를 읽으며 이야기 속 장면을 머릿속에 떠올려 보세요. 그리고 인물이 한 말과 행동을 보며 인물은 어떤 성격의 사람인지, 만약 내가 인물이라면 어떻게 행동했을지 등을 생각해 보며 이야기를 읽어 보세요.

 느낌을 살려 시 낭송하기

 좋아하는 시를 읽고 떠오르는 장면을 그려 보세요.

 좋아하는 시에 나오는 감각적 표현의 재미를 살려 시를 낭송해 보세요.

노래하듯이 시를 낭송해 보세요. 시의 장면을
떠올리며 어떤 감각적 표현이 있는지 알아보세요.

되돌아보기　시나 이야기를 읽고 감각적 표현이 드러나는 부분 찾기

 이렇게 배워요

1단원에서는 느낌을 살려 사물을 표현하고, 시에 나타난 감각적 표현을 알기, 이야기를 읽고 감각적 표현을 알고 이야기에 대한 생각과 느낌 나누기에 관해 배웠어요. 감각적 표현을 활용해 보세요.

 어떤 감각이 느껴지게 표현했는지 　보기　에서 알맞은 것을 골라, 문장 앞의 빨간색으로 표시된 그림 모양을 따라 표시하세요.

> 보기　　◎ 모습이 보이듯이 표현했어요.　★ 소리가 들리듯이 표현했어요.
> ♥ 손으로 만지듯이 표현했어요.

> 독수리처럼 슝 달려가는 자전거

> 보들보들 푹신한 내 곱슬머리

> 부글부글 내 마음 끓는 소리

 배운 내용을 떠올리며 생활 속에서 실천해 보세요.

> 감각적 표현을 사용해서 재미있게 대화할 거야.

> 감각적 표현을 사용해서 일기를 쓸 거야.

학습 목표 문단의 짜임을 생각하며 글을 읽고 쓸 수 있어요.

배울 거리 알리는 글을 쓴 경험 나누기

이렇게 읽어요

어떤 사실에 대하여 알리는 글을 쓰거나 읽어 본 경험이 있나요? 한결이와 한결이 아빠가 무엇을 하고 있는지 살펴보세요.

선생님과 함께 미리 보는 국어책

 앞의 그림을 보고 물음에 답해 보세요.

한결이와 아빠가 간 곳은 어디인가요?

해양 탐사 로봇은 어떤 역할을 하나요?

다음은 로봇 박물관을 다녀와서 한결이가 쓴 글입니다. 알리고자 하는 내용이 무엇인지 생각해 보며 글을 읽어 보세요.

로봇은 여러 가지 일을 한다. 감시용 로봇은 도둑이 집에 들어오는지 감시하는 역할을 한다. 해양 탐사 로봇은 바다 깊은 곳에 가서 그곳의 상태를 조사한다. 정밀하게 수술을 하는 의료용 로봇도 있다.

한결이가 로봇 박물관에 다녀와서 쓴 글을 읽고 문제를 풀어 보세요.

한결이는 무엇에 대해 글을 썼나요?

한결이가 쓴 글에서 가장 중요한 낱말은 무엇인가요?

 한결이는 로봇이 하는 여러 가지 일에 대해 알리는 글을 썼어요. 감시용 로봇, 해양 탐사 로봇, 의료용 로봇을 예를 들어 썼어요. 이 글에서 가장 중요한 낱말은 바로 로봇 또는 로봇이 하는 일입니다.

배울 거리 중심 문장과 뒷받침 문장 알기

 이렇게 읽어요

「장승」을 읽고, 글쓴이가 주로 말하고자 하는 내용이 무엇인지 찾고, 문단과 문단의 형식에 대해 알아보세요.

 선생님과 함께 미리 보는 국어책

장승

①□장승은 중요한 역할을 했습니다. 우리 조상은 장승이 마을을 지켜 준다고 생각했습니다. 나쁜 병이나 기운이 마을로 들어오는 것을 장승이 막아 준다는 것입니다. 장승은 나그네에게 길을 알려 주기도 했습니다. 또 마을과 마을 사이를 구분하는 역할도 했습니다.

②□장승의 모습은 아주 다양합니다. 우리 조상은 나무나 돌에 사람의 얼굴 형태를 조각해 장승을 만들었습니다. 장승의 모습에는 할아버지처럼 친근한 얼굴도 있고, 도깨비처럼 무서운 얼굴도 있습니다. 우스꽝스러운 장난꾸러기 얼굴을 한 장승도 있습니다.

문단에 대해 알아보세요.

여러 개의 문장이 모여 하나의 생각을 나타내는 것을
문단이라고 합니다. 문단이 모여서 하나의 글이 되지요.

문단 ①에서 글쓴이가 주로 말하고자 하는 내용	
문단 ②에서 글쓴이가 주로 말하고자 하는 내용	
이 글은 크게 몇 개의 내용으로 구분할 수 있나요?	
두 개로 구분할 수 있다고 생각한 까닭	

글 「장승」은 두 개의 중요한 생각이 이루어져서 만들어진
글입니다. 즉, 두 개의 문단으로 이루어진 글이지요.

문단이 바뀌면 줄을 바꾸고 한 칸을 들여 씁니다.

문단의 형식에 대해 알아보세요.

새로운 문단을 시작할 때 지켜야 할 규칙

1. 줄바꾸기를 합니다.

①□장승은 중요한 역할을 했습니다. 우리 조상은 장승이 마을을 지켜 준다고 생각했습니다. 나쁜 병이나 기운이 마을로 들어오는 것을 장승이 막아 준다는 것입니다. 장승은 나그네에게 길을 알려 주기도 했습니다. 또 마을과 마을 사이를 구분하는 역할도 했습니다. ┛끝

시작 →
②□장승의 모습은 아주 다양합니다.

2. '한 칸 들여쓰기'를 합니다.

①□장승은 중요한 역할을 했습니다. 우리 조상은 장승이 마을을 지켜 준다고 생각했습니다. 나쁜 병이나 기운이 마을로 들어오는 것을 장승이 막아 준다는 것입니다. 장승은 나그네에게 길을 알려 주기도 했습니다. 또 마을과 마을 사이를 구분하는 역할도 했습니다.

②□장승의 모습은 아주 다양합니다.

「장승」을 읽고 중심 문장과 뒷받침 문장에 대해 알아보세요.

✲ 문단 ①의 내용을 대표하는 문장을 찾아 ○표를 해 보세요.

장승은 중요한 역할을 했습니다.	
우리 조상은 장승이 마을을 지켜 준다고 생각했습니다.	
나쁜 병이나 기운이 마을로 들어오는 것을 장승이 막아 준다는 것입니다.	
장승은 나그네에게 길을 알려 주기도 했습니다.	
또 마을과 마을 사이를 구분하는 역할도 했습니다.	

여러 개의 문단이 모여 하나의 생각을 나타내는 것을 **문단**이라고 해요. 문단이 모여서 글이 됩니다.

✲ 문단 ①에서 중요한 내용을 뒷받침하는 문장을 찾아보세요.

장승은 중요한 역할을 했습니다.	
우리 조상은 장승이 마을을 지켜 준다고 생각했습니다.	
나쁜 병이나 기운이 마을로 들어오는 것을 장승이 막아 준다는 것입니다.	
장승은 나그네에게 길을 알려 주기도 했습니다.	
또 마을과 마을 사이를 구분하는 역할도 했습니다.	

※ 문단 ②의 내용을 대표하는 문장을 찾아 ○표를 해 보세요.

장승의 모습은 아주 다양합니다.	
우리 조상은 나무나 돌에 사람의 얼굴 형태를 조각해 장승을 만들었습니다.	
장승의 모습에는 할아버지처럼 친근한 얼굴도 있고, 도깨비처럼 무서운 얼굴도 있습니다.	
우스꽝스러운 장난꾸러기 얼굴을 한 장승도 있습니다.	

전체적인 문단의 내용을 가장 잘 표현하고 내용을 대표하는 문장을 중심 문장이라고 합니다. 중심 문장 외에 문단의 다른 문장은 뒷받침 문장이지요.

※ 문단 ②에서 중심 문장과 뒷받침 문장을 구분하여 써 보세요.

중심 문장

뒷받침 문장

뒷받침 문장

뒷받침 문장

 배울 거리 중심 문장과 뒷받침 문장을 파악하며 글 읽기

이렇게 읽어요

「옛날에는 어떤 과자를 먹었을까요」를 읽어 보세요. 중심 문장과 뒷받침 문장을 생각하며 글을 읽고, 문단의 중심 문장과 뒷받침 문장을 구별하면 어떤 점이 좋을지 생각해 보세요.

 선생님과 함께 미리 보는 국어책

옛날에는 어떤 과자를 먹었을까요

우리 조상은 여러 가지 한과를 만들어 먹었습니다. 한과는 전통 과자를 말합니다. 한과의 종류는 약과, 강정, 엿 등 다양합니다. 옛날에는 한과를 집에서 만들어 먹었지만, 요즘에는 주로 시장에서 사 먹습니다.

약과는 밀가루를 꿀과 기름 등으로 반죽해 기름에 지진 과자입니다. 꿀물이나 조청에 넣어 두어 속까지 맛이 배면 꺼내어 먹습니다. 지금은 대부분 국화 모양을 본떠서 만들지만, 옛날에는 새, 물고기 등의 모양을 본떠서 만들었다고 합니다. 약과를 만들 때에는 만들고 싶은 모양으로 나무를 파서, 반죽한 것을 그 속에 넣어 찍어 냅니다.

강정은 찹쌀가루를 반죽해 기름에 튀긴 뒤에 고물을 묻힌 과자입니다. 찹쌀가루를 반죽할 때에는 꿀과 술을 넣습니다. 그런 다음에 끈기가 생길 때까지 반죽을 쳐서 갸름하게 썰어 말린 뒤 기름에 튀깁니다. 깨, 잣가루, 콩가루와 같은 고물을 묻혀 먹습니다.

엿은 곡식이나 고구마 녹말에 엿기름을 넣어 달게 졸인 과자입니다. 엿을 만드는 데 쓰이는 곡식으로는 쌀, 찹쌀, 옥수수, 조 등이 있습니다. 엿을 만들 때 호두나 깨, 콩 등을 섞어 넣으면 더 맛있습니다. 옛날에는 가락엿을 부러뜨려, 그 속의 구멍이 더 많고 더 큰 쪽이 이기는 엿치기를 하기도 했습니다.

약과   강정   엿

 전통 과자를 먹었던 경험을 말해 보세요.

할머니께서 달콤한 약과를 주셔서 먹은 적이 있어.

설날에 가족과 함께 강정을 먹었어.

문단에서 말하고자 하는 내용을 대표하는 문장은 '중심 문장'이고, 중심 문장을 뒷받침하거나 예를 들어 자세히 설명하는 문장은 '뒷받침 문장'이에요. 문장에서 중심 문장은 앞이나 뒤에 있는 경우가 많아요.

글을 읽고 과자에 알맞은 설명을 선으로 이어 보세요.

   •   •   찹쌀 가루를 반죽해 기름에
                               튀긴 뒤에 고물을 묻힌 과자

   •   •   쌀, 찹쌀 등의 곡식이나
                               고구마 녹말을 달게 졸인 과자

   •   •   밀가루를 반죽해 기름에
                               지진 뒤에 국화 모양을
                               본떠서 만든 과자

 「옛날에는 어떤 과자를 먹었을까요」에서 각 문단의 중심 문장을 정리해 보세요.

문단	중심 문장
①	
②	약과는 밀가루를 꿀과 기름 등으로 반죽해 기름에 지진 과자입니다.
③	
④	

「내가 좋아하는 동물, 햄스터」를 읽고 물음에 답해 보세요.

내가 좋아하는 동물, 햄스터

[   ] 햄스터는 작고 귀엽게 생겼습니다. 햄스터는 영리해서 화장실도 스스로 가립니다. 또 햄스터는 집을 항상 청결하게 청소합니다. 햄스터는 종류도 다양합니다. 그래서 내가 원하는 종류를 선택해서 기를 수 있습니다.

 중심 문장과 뒷받침 문장을 구별하면 좋은 점은 글의 내용을 잘 이해할 수 있고, 글의 내용을 쉽게 정리할 수 있고, 설명하는 내용을 쉽게 이해할 수 있습니다.

🔅 [   ] 안에 들어갈 중심 문장으로 알맞은 것을 찾아 그 번호를 써 보세요. (   )

---

① 나는 동물을 좋아합니다.

② 나는 햄스터를 좋아합니다.

③ 햄스터에는 여러 종류가 있습니다.

④ 햄스터는 좁은 공간에서도 기를 수 있습니다.

🔅 뒷받침 문장을 덧붙이려고 합니다. 뒷받침 문장으로 알맞은 것을 찾아 ○표 해 보세요.

나는 성격이 온순한 골든햄스터를 특히 좋아합니다.	
햄스터를 괴롭히면 안 됩니다.	
나는 햄스터 대신 고양이를 기르고 싶습니다.	

🔅 자신이 좋아하는 동물에 대한 글을 쓰려고 합니다. 좋아하는 동물의 특징을 두 가지 써 보세요.

● ....
● ....

배울 거리 중심 문장과 뒷받침 문장을 생각하며 문단 쓰기

 이렇게 배워요

주제를 전체적으로 담고 있는 중심 문장과 중심 내용을 이해하기 쉽도록 구체적으로 설명해 주는 뒷받침 문장을 활용하여 문단을 써 보세요.

 선생님과 함께 미리 보는 국어책

 보기 를 참고해 문단을 완성해 보세요.

우리는 바다에서 많은 것을 얻습니다. 바닷물을 이용해 소금을 만들 수 있습니다. 바다에서 석유도 얻을 수 있습니다. _____

_____

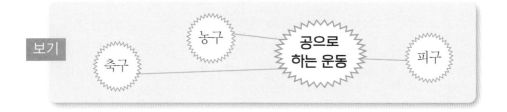

공으로 하는 운동에는 여러 가지 종목이 있습니다. 축구는 발로 공을 차서 골대에 넣는 운동입니다. _____

_____ 피구는 공을 던져 상대를 맞히는 운동입니다.

쓸 내용을 생각 그물로 정리한 후 중심 문장과 뒷받침 문장이 잘 드러나게 한 문단으로 나타낸 과정입니다. 이 내용을 보고, 자신의 생각을 생각 그물로 정리한 뒤 한 문단으로 나타내어 보세요.

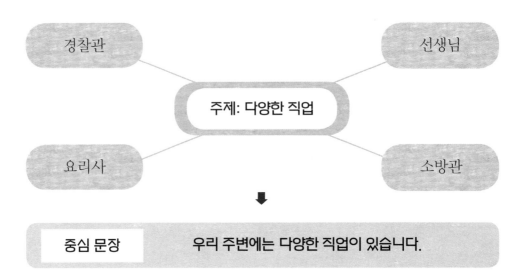

중심 문장   우리 주변에는 다양한 직업이 있습니다.

한 문단으로 쓰기

우리 주변에는 다양한 직업이 있습니다. 우리의 안전을 지켜 주시는 경찰관이 있습니다. 우리를 가르쳐 주시는 선생님이 있습니다. 또 맛있는 음식을 만들어 주시는 요리사도 있습니다. 화재가 발생했을 때 불을 꺼 주고 우리의 생명을 지켜 주는 소방관도 있습니다.

문단에서 가장 중요한 내용을 중심 문장으로 삼아야 해요.
뒷받침 문장에서 중심 문장의 내용에 대한 예를 들 수도 있습니다.

생각 그물을 활용하여 중심 문장과 뒷받침 문장이 드러나게 한 문단으로 쓰세요.

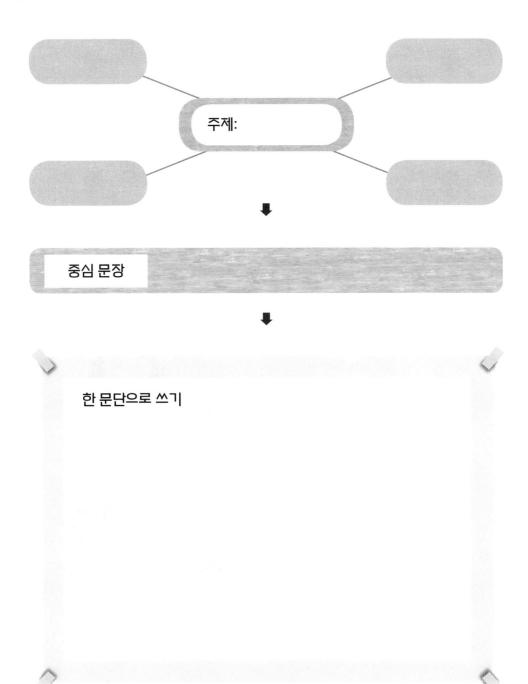

주제:

중심 문장

한 문단으로 쓰기

문단 만들기 놀이를 해 보세요.

놀이방법

① 자신이 좋아하는 놀이를 쪽지에 씁니다.

② 쪽지를 모아 놓고 선생님이 쪽지를 고릅니다.

③ 선생님이 고른 쪽지를 쓴 친구가 앞으로 나와 자신이 좋아하는 놀이를 중심 문장과 뒷받침 문장을 갖추어 자세히 설명합니다.

④ 다른 친구들은 설명을 잘 듣고 어떤 놀이인지 알아맞힙니다.

되돌아보기 　문단의 뒷받침 문장을 쓰는 방법 알기

 이렇게 배워요

2단원에서는 중심 문장과 뒷받침 문장 알기, 중심 문장과 뒷받침 문장 파악하며 글 읽기, 중심 문장과 뒷받침 문장 생각하며 문단 쓰기, 문단 만들기 놀이하기에 관해 배웠어요. 자신의 생각을 글로 써 보는 활동을 해 보세요.

문단의 뒷받침 문장을 쓰는 방법으로 알맞은 것에 색칠해 보세요.

배운 내용을 생활 속에서 실천해 보세요. 내가 할 수 있는 내용인지 확인해 보세요.

 높임 표현을 사용해 언어 예절에 맞게 대화할 수 있어요.

 높임 표현을 사용하는 경우 알기

🏵 이렇게 배워요

높임 표현을 사용하여 대화를 해 본 적이 있나요? 높임 표현이란 대상을 높여서 말하는 것이에요. 높임 표현에는 대상에 대한 공경의 마음이 담겨 있어요. 높임 표현을 사용하여야 하는 경우는 언제인지 생각해 보세요.

🏵 선생님과 함께 미리 보는 국어책

 대화 ㉮와 ㉯에서 듣는 사람은 각각 누구인가요?

높임 표현을 사용한 대화	높인 대상	사용한 높임 표현
㉯	아버지	보여요

대화 **다**와 **라**에서 교문 안으로 들어가는 사람은 각각 누구인가요?

높임 표현을 사용한 대화	높인 대상	사용한 높임 표현
라	선생님	께서, 가신다

 대화 **가**에서는 듣는 사람이 동생인 진수이고, 대화 **나**에서는 듣는 사람이 아버지입니다. 그래서 높임 표현은 대화 **나**에서 사용하는 것이 적절하지요.

대화 **다**에서는 교문 안으로 들어가는 사람이 동생인 진호이고, 대화 **라**에서는 교문 안으로 들어가는 사람이 선생님입니다. 그래서 높임 표현은 대화 **라**에서 사용하는 것이 적절하지요.

대화 **마**와 **바**에서 말하는 사람은 각각 누구에게 책을 보여 주고 싶어 하나요?

높임 표현을 사용한 대화	높인 대상	사용한 높임 표현
바	어머니	드리고

대화 **마**에서는 책을 보여 주고 싶은 사람이 동생이고, 대화 **바**에서는 책을 보여 주고 싶은 사람이 어머니입니다. 그래서 높임 표현은 대화 **바**에서 사용하는 것이 적절하지요.

친구나 동생에게 말할 때와 달리 어머니나 선생님께는 높임 표현을 사용해야 합니다. 높임 표현에는 웃어른을 공경하는 마음이 담겨 있어요.

높임 표현을 사용한 경험을 떠올려 보고 높임 표현을 사용하는 경우를 정리해 보세요.

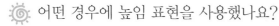 어떤 경우에 높임 표현을 사용했나요?

사용한 높임 표현은 무엇이었나요?

높임 표현을 사용하면서 어려운 점은 무엇이었나요?

> 높임 표현을 사용하는 경우를 정리해 볼까요?
> 높임 표현은 듣는 사람이 말하는 사람보다 웃어른일 때 사용해야
> 합니다. 또 행동하는 사람이 말하는 사람보다 웃어른일 때 높임 표현을
> 사용해야 합니다. 그리고 '누구에게'에 해당하는 사람이 말하는
> 사람보다 웃어른일 때 높임 표현을 사용해야 합니다.

배울 거리　높임 표현을 사용하는 방법 알기

 이렇게 배워요

높임 표현을 사용하는 다양한 대화를 살펴보세요. 대화에서 알맞은 높임 표현을 고르고 높임 표현을 사용하는 방법을 정리해 보세요.

 선생님과 함께 미리 보는 국어책

	알맞은 표현	높임의 대상	문장의 끝부분에 쓰인 표현
㉮	오시니?	선생님	'-시'를 넣었다.
㉯	하시나요?	아버지	'-시'를 넣었다.

대화에서 알맞은 높임 표현을 고르고 높임 표현을 사용하는 방법을 정리해 보세요.

㉮ 할아버지,
(밥, 진지) 잡수세요.

㉯ 할머니,
(물어볼, 여쭈어볼) 것이
있어요.

	알맞은 표현	높임의 대상	높임의 대상에게 사용한 표현
㉮	진지	할아버지	진지
㉯	여쭈어볼	할머니	여쭈어볼

'밥'과 '진지'는 같은 의미이고, '물어볼'과 '여쭈어볼'도 같은 의미입니다. 하지만 '밥', '물어보다'는 친구나 동생에게 사용하고, '진지', '여쭈어보다'는 웃어른께 사용하지요. ㉮와 ㉯의 경우처럼 높임을 표현할 때는 높임의 뜻을 가진 특별한 낱말을 사용합니다.

파란색으로 쓰인 부분에 주의하여 높임을 표현한 방법이 무엇인지 보기 에서 찾아 그 번호를 빈칸에 써 보세요.

분명한 목소리로 발표해야 해요.

높임을 표현한 방법

어머니와 함께 할머니를 모시고 병원에 다녀왔습니다.

높임을 표현한 방법

우리 어머니께서도
이 영화를 좋아하셔.

높임을 표현한 방법	

부모님께
카네이션을 달아 드릴 거야.

높임을 표현한 방법	

보기
① '-습니다' 또는 '요'를 써서 문장을 끝맺어요.
② 높임을 나타내는 '-시-'를 넣어요.
③ 높임의 대상에게 '께'나 "께서'를 써요.
④ 높임의 뜻을 가진 특별한 낱말을 사용해요.

배울 거리 높임 표현을 사용해 언어 예절을 생각하며 대화하기

 이렇게 배워요

높임 표현을 사용하여 언어 예절을 지켜야 하는 경우를 생각해 보세요. 웃어른과의 언어 예절을 생각하며 대화를 보고 물음에 답하세요.

 선생님과 함께 미리 보는 국어책

정음아, 무엇을 그렇게 재미있게 보니?

작년 겨울에 찍은 내 사진이야. 할머니도 한번 볼래?

정음이는 할머니의 말을 듣고도 할머니 대신 스마트폰을 보면서 무뚝뚝한 표정으로 대화하고 있습니다. 또 높임 표현을 사용하지 않고 친구에게 사용하는 말로 대화하고 있지요.

정음이가 할머니와 대화할 때 지켜야 할 언어 예절이 무엇인지 친구들과 이야기해 보세요.

알맞은 높임 표현에 대해 생각하며 다음 장면을 보고 알맞은 표현을 고르고, 고른
표현이 알맞다고 생각하는 까닭을 쓰세요.

알맞은 높임 표현	드릴 말씀, 있어요 / 있습니다
까닭	웃어른께 여쭈어보는 경우이므로 높임의 뜻을 가진 '드릴 말씀'을 씁니다. 그리고 듣는 사람이 웃어른이므로 '있어요' 또는 '있습니다'를 씁니다.

알맞은 높임 표현	이에요
까닭	물건인 경우에는 높임 표현을 쓰지 않습니다.

 높임 표현을 사용해 역할 놀이 하기

 알맞은 높임 표현을 생각하며 대화를 보고 물음에 답해 보세요.

정음아, 함께 시장에 가자. 장바구니 좀 챙길래?

진수야, 아버지가 뭐래?

정음이의 말에서 높임 표현에 알맞지 않은 것은 무엇인가요?

진수가 사용해야 할 알맞은 높임 표현은 무엇인가요?

친구들과 역할을 정한 뒤에 알맞은 높임 표현을 사용하여 대화해 보세요.

정리

되돌아보기   대상에 알맞은 높임 표현 방법 생각하기

 이렇게 배워요

3단원에서는 높임 표현을 사용하는 경우와 높임 표현을 사용하는 방법, 언어 예절에 맞는 높임 표현에 관해 배웠어요. 배운 내용을 떠올리며 생활 속에서 실천해 보세요.

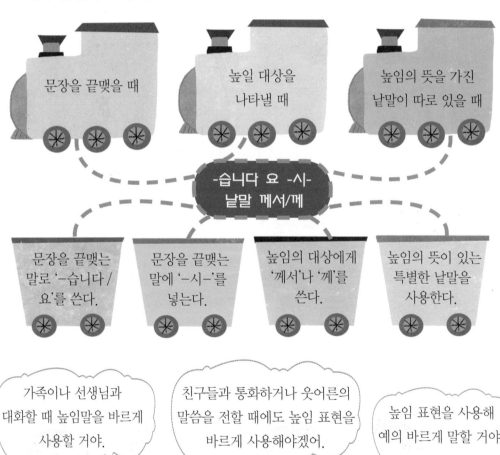

문장을 끝맺을 때

높일 대상을 나타낼 때

높임의 뜻을 가진 낱말이 따로 있을 때

-습니다 요 -시-
낱말 께서/께

문장을 끝맺는 말로 '-습니다 / 요'를 쓴다.

문장을 끝맺는 말에 '-시-'를 넣는다.

높임의 대상에게 '께서'나 '께'를 쓴다.

높임의 뜻이 있는 특별한 낱말을 사용한다.

가족이나 선생님과 대화할 때 높임말을 바르게 사용할 거야.

친구들과 통화하거나 웃어른의 말씀을 전할 때에도 높임 표현을 바르게 사용해야겠어.

높임 표현을 사용해 예의 바르게 말할 거야.

 전하고 싶은 마음을 담아 편지를 쓸 수 있어요.

 마음을 전한 경험 나누기

 이렇게 배워요

마음을 표현해야 할 상황을 살펴보며 마음을 전한 경험을 나누어 보세요.
그림을 보고 어떤 마음을 표현하면 좋을지 생각해 보세요.

 선생님과 함께 미리 보는 국어책

그림을 보고 어떤 마음을 표현하면 좋을지 골라 선으로 연결하세요.

상황	인물의 마음	해야 할 말

축하하는
마음

할머니,
생신 축하드려요.

위로하는
마음

넘어져서
속상했지? /
다음에는 더 잘
할 수 있을 거야.

미안한
마음

내 잘못이야.
미안해.

고마운
마음

책을 빌려줘서
고마워. / 책을
빌려주다니 넌
참 친절하구나.

마음을 전한 경험을 떠올리며 그때 어떤 말을 했는지 친구들과 이야기해 보세요.

무슨 일이 있었고 어떤 말로 마음을 전했나요?

제가 모르는 수학 문제를 서연이가 가르쳐 주었습니다. 서연이에게 모르는 문제를 가르쳐 주어서 고맙다고 하고 친구들을 잘 도와주는 친절한 친구라고 말했습니다.

마음을 나타내는 말을 사용하여 친구들과 '이럴 때에는 이렇게 말해요.' 놀이를 해 보세요.

놀이방법

❶ 서너 명씩 짝을 짓습니다.

❷ 상황 카드를 그림이 보이지 않게 책상 위에 뒤집어 놓습니다.

❸ 가위바위보를 해서 이긴 사람이 상황 카드를 하나 골라 그 상황에 알맞은 마음을 나타내는 말을 합니다.

❹ 알맞게 대답했으면 고른 상황 카드를 가지고 다음 사람에게 차례를 넘깁니다. 상황 카드가 모두 없어지면 놀이를 마칩니다.

마음을 전하는 말을 할 때에는 어떤 마음을 전할지 떠올려 보세요. 그리고 마음을 전하는 말을 하는 까닭이 잘 드러나게 이야기해요.

배울 거리 편지를 읽고 마음을 나타내는 말 익히기

 이렇게 읽어요

마음을 전하는 글을 받은 경험을 떠올리며 편지를 읽어 보세요. 마음을 나타내는 말을 찾아 정리해 보세요.

 선생님과 함께 미리 보는 국어책

> ㉮
>
> 호준이에게
>
> 호준아, 나 민재 형이야.
>
> 줄넘기 대회 때문에 많이 속상했지? 날마다 줄넘기 연습을 했는데 상을 받지 못해서 실망했을 거야. 그래도 포기하지 않고 꾸준히 연습하면 다음에는 좋은 결과가 있을 거야.
>
> 형은 너를 믿어. 그럼 안녕!
>
>
>
> 나도 줄넘기 대회 준비 열심히 했는데. 아쉽다.
>
> 20○○년 4월 13일
> 민재 형이

편지 ㉮에서 마음을 나타내는 말	속상했지.

나

나리에게

나리야, 안녕? 나 민경이야.

나리야, 어제 네가 내 가방을 들어 주어서 고마웠어. 내가 손을 다쳐서 가방을 어떻게 들까 걱정하고 있었는데 네가 와서 도와준다고 했을 때 정말 기뻤어. 그런데 어제는 고맙다는 말을 제대로 하지 못해서 이렇게 편지를 쓰게 되었어.

지난 체육 시간에 너와 달리기 경주를 했는데 내가 졌잖아. 달리기만큼은 자신 있었는데 내가 지니까 많이 속상했어. 그래서 그동안 너한테 말도 제대로 하지 않았어. 그런데 너는 오히려 나를 걱정해 주고 가방도 들어 주어서 미안했어.

나리야, 고마워! 너는 운동도 잘하고, 마음도 참 따뜻한 멋진 친구야. 앞으로도 친하게 지내자. 안녕.

20○○년 4월 13일
민경이가

편지 **나**에서 마음을 나타내는 말	고마웠어.

다

할아버지, 잘 지내고 계시지요?

할아버지, 생신 축하드려요.

항상 할아버지 댁에 가면 반갑게 맞아 주시고, 재미있게 놀아 주셔서 감사합니다. 작년 할아버지 생신에는 제가 다리를 다쳐서 찾아뵙지 못해 많이 아쉬웠어요. 그런데 이번 생신에는 가족 모두 모여서 즐거운 시간을 보낼 수 있게 되어서 벌써부터 가슴이 두근거려요.

할아버지, 다시 한번 생신 축하드려요. 항상 건강하시고, 사랑해요.

20○○년 4월 14일

손자 정혁 올림

편지 **다**에서 마음을 나타내는 말	축하드려요.

자신이 경험한 일을 바탕으로 하여 파란색으로 쓰인 부분을 바꾸어 써 보세요.

친구가 실망했을 때 친구를 위로하는 마음을 나타내는 말

⬇

그래도 포기하지 않고 꾸준히 연습하면 다음에는 좋은 결과가 있을 거야.

⬇

 마음을 전하는 글을 받은 경험을 떠올려 보고 그때 어떤 말로 마음을 나타냈는지 정리하여 쓰세요.

마음을 나타내는 글을 쓸 때에는 "괜찮아.", "잘했어.", "고마워.", "그때 그렇게 하지 말았어야 했는데…….", "너는 정말 열심히 했어."와 같이 마음을 표현하는 말을 쓸 수 있어요.

마음을 전하는 글을 받은 경험	
마음을 전하는 표현	

배울 거리 글을 읽고 글쓴이의 마음 짐작하기

 이렇게 읽어요

글쓴이의 마음을 생각하며 「어머니와 물감」을 읽어 보세요.

 선생님과 함께 미리 보는 국어책

어머니와 물감

"어머니, 제 곰돌이 머리핀 못 보셨어요?"

책상 위에 놓아두었던 머리핀이 보이지 않았다.

"머리핀? 조금 전에 민주가 하고 유치원에 갔는데……."

"제 머리핀인데 왜 민주가 하고 갔어요?"

"네가 일찍 일어나서 챙기지 않으니 그런 일이 생기지. 오늘은 그냥 다른 것으로 하고 가. 그러다 지각하겠다."

내 물건을 마음대로 가져간 것은 민주인데 어머니께서는 내 탓이라고 하신다.

어머니께서는 항상 동생 편만 드신다.

"오늘 물감 가져가야 한다고 하지 않았어? 가방에 잘 넣었어?"

가방을 메고 방을 나서는데 어머니의 잔소리가 또 들려왔다. 나는 어머니 말씀에 대꾸도 하지 않고 집을 나섰다.

학교에 왔는데도 기분이 좋지 않았다.

"민서야, 이것 봐라. 어머니께서

새 물감 사 주셨다."

내 짝 정아가 새로 산 물감을 가방에서 꺼내며 자랑했다. 나는 괜히 짜증이 났다. 맞다, '그림물감'. 가방을 살펴봤다. 물감이 없었다. 아침에 분명 챙겼는데 보이지 않았다. 그때서야 신발 신을 때 물감을 현관에 두고 온 것이 떠올랐다.

짝은 새 물감이라고 빌려주지 않을지도 모른다. 그리고 물감을 준비하지 않았다고 선생님께 야단을 맞을 수도 있다. 전화기를 꺼냈다가 다시 집어넣었다. 어머니께 물감을 가져다 달라고 전화하면 분명 또 잔소리를 하실 것이다.

'내가 가장 좋아하는 미술 시간인데……'

이게 다 민주와 어머니 때문이다. 나는 책상에 엎드렸다. 눈물이 날 것 같았다.

그때 단짝 친구 소은이가 나를 불렀다.

"민서야, 너희 어머니께서 이거 너 주라고 하셨어."

소은이 손에 들려 있던 것은 내 물감이었다.

"우리 어머니 만났어?"

"교문 앞에서 만났는데, 시간이 없어서 나한테 대신 전해 달라고 하셨어."

나는 어머니 말씀에 대꾸도 하지 않고 학교에 왔는데, 어머니께서는 출근하느라 바쁘신데도 학교까지 오셔서 물감을 주고 가셨다. 나는 아침에 내가 한 행동이 후회가 되었다. 어머니께서도 화가 나셨을 텐데 내가 물감을 가져가지 않아서 걱정이 되셨나 보다. 집에 가서 어머니께 죄송하다고 말씀드려야겠다.

「어머니와 물감」에서 민서의 말이나 행동에 나타난 마음을 짐작해 보세요.

말이나 행동	마음
물감을 넣었는지 물으시는 어머니의 말씀에 대꾸도 하지 않음.	서운함, 화남.
"제 머리핀인데 왜 민주가 하고 갔어요?"	
책상에 엎드림.	

 「어머니와 물감」 속 민서와 비슷한 경험이 있었다면 그때의 느낌을 정리해 보세요.

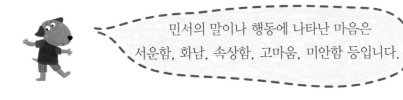

민서의 말이나 행동에 나타난 마음은
서운함, 화남, 속상함, 고마움, 미안함 등입니다.

어머니께 죄송한 마음을 어떻게 표현하면 좋을지 친구들과 이야기해 보세요.

 마음을 표현하는 말이나 글을 쓸 때에는 먼저 어떤 마음을 전할지 생각해 보고 전하고 싶은 마음에 어울리는 표현이 무엇일지 생각해 보아야 해요.

 마음이 잘 드러나게 편지 쓰는 방법 익히기

 이렇게 읽어요

마음을 나타내는 낱말과 편지의 형식을 알아보고, 마음이 잘 드러나게 편지를 쓰는 방법을 알아보세요. 다음 편지를 읽고 전하고자 하는 마음과 잘못된 부분을 찾아보세요.

 선생님과 함께 미리 보는 국어책

> 나경이에게
> 안녕? 나, 은주야.
> 나경아, 경필 쓰기 대회에서 금상 받아서 참 좋겠다.
> 사실 나는 내가 너보다 글씨를 더 잘 쓴다고 생각했는데 은상을 받아서 서운했어.
> 다음에는 내가 꼭 금상을 받을 거야. 나의 도전을 받아 줘.
> 그럼 안녕.
>
> 2000년 4월 18일
> 너의 단짝 은주가

편지를 쓴 사람이 전하고 싶은 마음	축하하는 마음
잘못된 부분	

'굉장하다'와 뜻이 비슷한 다른 낱말을 떠올려 빈칸에 써 보세요.

엄청나다	놀랍다	크다
	굉장하다	
상당하다		

- 맞은편 산골짜기에서 산울림이 들려왔습니다.
- 맞은편 산골짜기에서 메아리가 들려왔습니다.

'산울림'과 '메아리'는 서로 바꾸어 써도 뜻이 바뀌지 않아요.
이런 낱말을 비슷한 말이라고 해요.

"외삼촌은 제가 지금까지 한 번도 보지 못한 엄청난 케이크를 들고 나타나셨어요."라고 표현해도 뜻이 바뀌지 않아.

"외삼촌은 제가 지금까지 한 번도 보지 못한 근사한 케이크를 들고 나타나셨어요."라고 표현해도 되겠어.

🦋 지수가 영주에게 쓴 편지를 읽고 물음에 답하세요.

영주에게

안녕! 나, 지수야.

네가 다리를 다쳐서 병원에 입원했다는 소식을 들었어.

그럼 안녕!

20○○년 4월 17일

지수가

지수가 영주에게 전하려고 하는 마음	
지수의 편지는 마음이 잘 드러나게 쓴 편지인가요?	

편지에는 받을 사람, 첫인사, 전하고 싶은 말,
끝인사, 쓴 날짜, 쓴 사람이 들어가야 됩니다.
위 편지에는 전하고 싶은 말이 더 들어가야 합니다.

전하고자 하는 마음이 잘 드러나게 편지의 빈 곳을 적절한 말을 넣어 완성해 보세요.

승현이에게

  나, _____ (이)야, 요즘, 운동하기에 날씨가 참 좋은 것 같아.
어제 체육 시간에 우리 반 대표 이어달리기 선수에 뽑히지 않아
서 많이 실망했지? _____
_____
_____

  우리, 학교 끝나고 만나서 같이 축구하자.

20○○년 ○○월 ○○일

_____ 가

민아에게

  민아야, 안녕? 나, _____ (이)야.
  지난번에 비가 왔을 때, 나는 아침에 우산을 챙겨 오지 않아 속으
로 걱정하고 있었거든. 그런데 네가 우산을 씌워 주었잖아? _____
_____
_____

  우리, 앞으로 사이좋게 지내자.

20○○년 ○○월 ○○일

네 친구 _____ 가

되돌아보기 마음이 드러나게 편지 쓰는 방법 알기

 이렇게 배워요

4단원에서는 마음을 나타내는 말, 마음이 잘 드러나는 편지 쓰기 방법, 전하고 싶은 마음을 담아 편지 쓰기 방법에 관해 배웠어요. 자신의 마음을 다른 사람에게 전해 보세요.

 마음이 드러나게 편지 쓰는 방법을 떠올리며 다음 편지를 읽어 보세요.

> 민지에게
>
> 민지야, 안녕? 나는 나은이야.
> 나라 사랑 그리기 대회에서 금상 받은 일을 축하해.
> 네가 내 친구라서 정말 자랑스러워.
> 앞으로 더 노력해서 화가인 네 꿈을 꼭 이루기를 바랄게.
> 그럼 안녕.
>
> 20○○년 4월 19일
> 네 단짝 나은이가

 배운 내용을 생활 속에서 실천해 보세요. 내가 할 수 있는 내용인지 확인해 보세요.

할머니, 할아버지 생신 때 축하 편지를 쓸 거야.

동생이 착한 일을 했을 때 칭찬하는 편지를 쓸 거야.

아픈 친구에게 격려하는 편지를 쓸 거야.

학습 목표 설명하는 말을 듣거나 글을 읽고 대강의 내용을 간추릴 수 있어요.

 배울 거리 메모했던 경험 나누기

 이렇게 배워요

메모를 해서 도움을 받았던 경험이 있는지 떠올려 보세요. 민건이네 반은
어린이 박물관으로 견학을 갔어요. 그림을 보고 민건이네 모둠에서 생긴
일을 살펴보세요.

 선생님과 함께 미리 보는 국어책

민건이네 모둠이 어디로 가야 하는지 모르는 까닭은
선생님의 말씀을 제대로 듣지 않았고, 선생님의 말씀을
기억하지 못했기 때문이에요.

 그림을 보고 물음에 답해 보세요.

 민건이네 모둠의 과제는 무엇인가요?

옛이야기 전시관 안에서는 어떤 곳으로 갈 수 있나요?

민건이네 모둠이 어디로 가야 하는지 모르는 까닭은 무엇인가요?

다음은 선생님의 말씀입니다. 내용을 읽고 민건이의 수첩에서 빠진 부분을 채워 메모를 완성하여 보세요.

　　　지금부터 어린이 박물관을 안내하겠습니다. 어린이 박물관은 1층 역사 전시관과 2층의 옛이야기 전시관으로 이루어져 있어요. 옛이야기 전시관에서는 매달 옛이야기 하나를 정해서 전시하고 있는데, 이달의 옛이야기는 「흥부와 놀부」예요. 옛이야기 전시관 안으로 들어가면, '이야기 알기', '이야기 속으로', '이야기 세상' 구역으로 나누어지지요. 먼저 '이야기 알기'에서는 옛이야기의 줄거리를 재미있는 그림으로 알아볼 수 있어요. 그리고 '이야기 속으로'에서는 옛이야기에 나오는 여러 가지 체험 활동을 할 수 있어요. 마지막으로 '이야기 세상'에서는 옛이야기와 관련된 조상의 생활 모습과 과학 지식을 전시하고 있어요.

민건이의 수첩

옛이야기 전시관

이번 달 이야기: _____

1. 이야기 알기: 줄거리를 재미있는 그림으로 알아보기

2. 이야기 속으로: 옛이야기에 대한 _____

3. _____ : 조상의 생활 모습, 과학 지식 전시

각각 그림 속 상황이 어떠한지 쓰고, 메모가 필요한 까닭을 정리해 보세요.

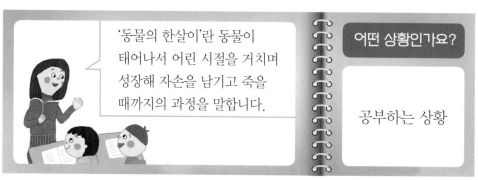

 메모가 필요한 까닭은 무엇일까요?

 글을 읽고 내용을 간추리는 방법 알기

이렇게 배워요

설명하는 글을 읽고 글의 내용을 파악하며 중요한 내용을 찾아보고 글을 간추리는 방법에 대해 생각해 보세요. 글 **가**~**다**를 읽고 물음에 답해 보세요.

선생님과 함께 미리 보는 국어책

> **가** 악기는 주로 타악기, 현악기, 관악기의 세 종류로 나누어요. 타악기는 두드리거나 때려서 소리를 내는 악기로, 큰북이나 캐스터네츠 등이 있고, 현악기는 줄을 사용하는 악기로, 가야금이나 바이올린을 들 수 있어요. 그리고 관악기는 입으로 불어서 소리를 내는 악기로, 나팔이나 트럼펫 등이 있어요.

> **나** 악기는 주로 타악기, 현악기, 관악기의 세 종류로 나눈다.

> **다**
> 타악기: 큰북, 캐스터네츠
> 현악기: 가야금, 바이올린
> 악기의 종류
> 관악기: 나팔, 트럼펫

> **가**~**다**는 모두 악기의 종류에 대해 쓴 글이에요. 타악기, 현악기, 관악기의 특징과 종류에 대해 안내하고 있어요.

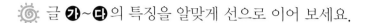 글 **가**~**다**의 특징을 알맞게 선으로 이어 보세요.

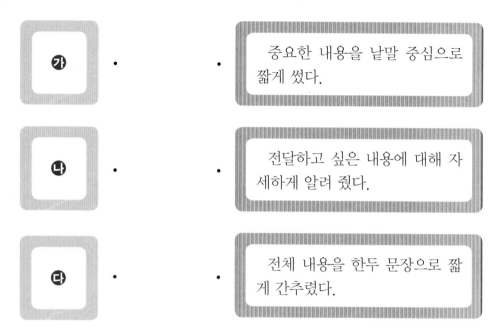

가 •

• 중요한 내용을 낱말 중심으로 짧게 썼다.

나 •

• 전달하고 싶은 내용에 대해 자세하게 알려 줬다.

다 •

• 전체 내용을 한두 문장으로 짧게 간추렸다.

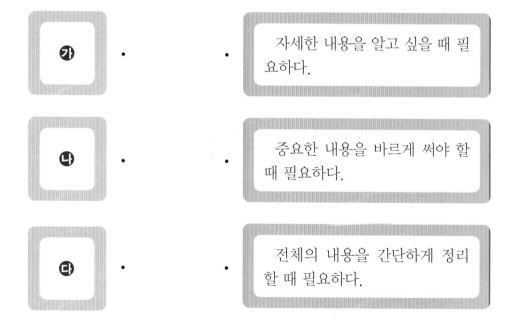 글 **가**~**다**가 필요한 상황을 알아보고 알맞게 선으로 이어 보세요.

가 •

• 자세한 내용을 알고 싶을 때 필요하다.

나 •

• 중요한 내용을 바르게 써야 할 때 필요하다.

다 •

• 전체의 내용을 간단하게 정리할 때 필요하다.

다음 글을 읽고 내용을 간추리는 방법을 알아보세요.

새로운 운동

❶ 생활 속에서 쉽게 할 수 있는 운동에 관심이 많아지면서 예전에 볼 수 없었던 새로운 운동이 많이 늘어나고 있습니다. 이들 운동 가운데에는 새로 만들어진 운동도 있고, 예전부터 외국에서 즐겼지만 우리나라에는 늦게 들어온 운동도 있습니다. 그리고 우리나라의 전통 놀이를 새롭게 바꾸어 만든 운동도 있습니다.

❷ 새로 만들어진 운동으로 스포츠 스태킹이 있습니다. 스포츠 스태킹은 1980년대 미국 어린이들이 종이컵으로 하던 놀이에서 생겨난 운동입니다. 열두 개의 스택 컵을 다양한 방법으로 쌓고 허물어 가는 기술과 속도가 중요하기 때문에 순간적으로 근육을 사용하는 능력과 집중력을 높일 수 있는 운동입니다.

❸ 예전부터 외국에서 즐기다가 최근에 우리나라에 들어온 운동으로 슐런이 있습니다. 슐런은 네덜란드에서 즐기던 운동으로 30개의 나무 원반을 밀어서 게임판 끝에 있는 네 개의 칸에 넣는 운동입니다. 칸에는 각각의 점수가 있는데 원반을 골고루 넣어 높은 점수를 얻는 사람이 이깁니다. 슐런은 규칙이 간단해서 누구나 쉽게 배울 수 있고, 손의 힘을 조절하는 능력과 집중력을 높일 수 있는 운동입니다.

❹ 우리나라의 전통 놀이를 새롭게 바꾸어 만든 운동에는 한궁이 있습니다. 한궁은 우리나라의 전통 놀이인 투호와 외국의 다트를 합쳐서 만든 운동입니다. 자석 한궁핀을 표적판에 던져 높은 점수를 얻는 사람이 이기며, 왼손과 오른손 각각 다섯 번씩 던져야 한다는 규칙이 있어 양손의 근육을 골고루 발달시킬 수 있습니다.

❺ 이런 새로운 운동들은 규칙이 간단해 쉽게 배울 수 있고 특별한 운동 기술이 필요하지 않아 누구나 즐길 수 있다는 좋은 점이 있습니다. 긴 시간과 넓은 장소가 필요하지 않기 때문에 생활 속에서 틈틈이 즐길 수도 있습니다. 여러분도 한번 해 보는 게 어떨까요?

 글을 간추리는 방법을 정리해 보고 빈칸에 들어갈 알맞은 말을 보기 에서 찾아 쓰세요.

보기   이어 주는 말,   중심 문장,   전체

• 각 문단의 [   ] 을/를 찾아 정리한다.

• 중심 문장을 이어 [   ] 의 내용을 하나로 묶는다.

• 문장을 이을 때 [   ] 을/를 사용한다.

 긴 글을 짧게 줄이는 것을 '간추리기'라고 해요. 간추리기를 하기 위해서는 각 문단의 중심 문장을 찾아야 해요. 그리고 이 중심 문장을 모아 하나의 글로 엮어 보세요.

각 문단의 중심 문장을 찾아 써 보세요.

문단	중심 문장
❶	생활 속에서 쉽게 할 수 있는 운동에 관심이 많아지면서 예전에 볼 수 없었던 새로운 운동이 많이 늘어나고 있습니다.
❷	
❸	예전부터 외국에서 즐기다가 최근에 우리나라에 들어온 운동으로 슐런이 있습니다.
❹	
❺	이런 새로운 운동들은 규칙이 간단해 쉽게 배울 수 있고 특별한 운동 기술이 필요하지 않아 누구나 즐길 수 있다는 좋은 점이 있습니다.

메모는 필요한(중요한) 내용만 간단하게 정리하여야 해요.
글을 읽고 간추리기 위해서는 각 문단의 중심 문장을 찾아서
자연스럽게 잇는 것이 좋아요.

글을 읽고 전체의 내용을 간추리는 방법이 바른 친구를 찾아 ○표를 해 보세요.

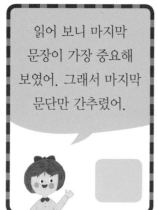

읽어 보니 마지막 문장이 가장 중요해 보였어. 그래서 마지막 문단만 간추렸어.

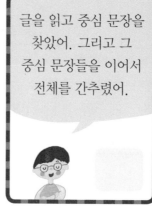

글을 읽고 중심 문장을 찾았어. 그리고 그 중심 문장들을 이어서 전체를 간추렸어.

중심 문장을 찾아 가며 글을 읽었어. 그리고 전체 글에서 중심 문장 하나만 남기는 방법으로 간추렸어.

 「새로운 운동」의 중심 문장을 이어 전체의 내용을 하나로 묶어 보세요.

각 문단의 중심 생각을 이어 전체의 내용을 하나로 만들 때 '그리고', '그래서', '그러나'와 같은 이어 주는 말을 사용하면 자연스러워져요. 중심 문장을 그대로 사용하지 않고 전체의 내용에 맞게 새로운 문장을 만들어도 좋아요.

 배울 거리 책 소개하기

 이렇게 읽어요

설명하는 글을 읽고 글의 내용을 간추린 후, 간추린 내용을 소개하는 활동을 해 보세요. 윤지가 쓴 소개하는 글을 읽고 물음에 답해 보세요.

선생님과 함께 미리 보는 국어책

> 우리가 살아가는 데 꼭 필요한 것은 물이라는 사실을 느끼게 해 준 책을 소개하겠습니다. 『세상을 돌고 도는 놀라운 물의 여행』이라는 책입니다.
>
> 우리가 사는 지구에는 몇 십 억 년 전부터 물이 있었습니다. 그리고 그 물은 모양을 바꾸어 가며 세상 곳곳을 끊임없이 돌아다니며 여행을 하고 있었습니다. 물은 하늘에서 땅과 바다로, 그리고 우리 몸속이나 동물들 몸속으로 끊임없이 돌고 돕니다. 물은 오랜 시간에 걸쳐 모습만 바꾸어 돌아다니기 때문에 지금 수도꼭지에서 흘러내리는 물은 아주 오래전에 공룡이 발은 담근 물일지도 모른다고 합니다.

윤지의 소개 글에는 책의 제목, 소개하고 싶은 까닭, 소개할 내용, 그 외 감상 및 느낌이 담겨 있어요.

☼ 윤지가 읽은 책의 제목은 무엇인가요?

☼ 윤지가 책을 소개하기로 결정한 까닭은 무엇일까요?

☼ 윤지가 책의 내용을 간추린 부분을 찾아 밑줄을 그어 보세요.

🦋 친구에게 소개할 내용을 생각해 보세요.

책을 고른 까닭이나 책을
읽고 느낀 점을 이야기해도
좋을 것 같아.

책의 제목을 꼭
소개해야 해.

정리

 되돌아보기 메모의 특징과 글을 간추리는 방법 알기

 이렇게 배워요

5단원에서는 메모했던 경험 나누기, 내용을 간추리며 듣기, 글을 읽고 내용을 간추리기, 책의 내용을 간추려 소개하기에 관해 배웠어요. 중요한 정보를 간추려 활용해 보세요.

🦋 단원에서 공부한 내용을 되돌아보며 빈칸에 알맞은 말을 │보기│에서 찾아 써 보세요.

보기	중심 문장	메모	중요한

- 다른 사람들에게 말을 전하거나 자신의 기억을 돕기 위해 짧게 쓴 글을 ( )(이)라고 합니다.
- 메모를 할 때에는 모든 내용을 적는 것이 아니라 ( ) 내용만 간단하게 적습니다.
- 글을 간추릴 때에는 각 문단의 ( )을/를 찾아 정리합니다.

🦋 배운 내용을 생활 속에서 실천해 보세요. 내가 할 수 있는 내용인지 확인해 보세요.

과학 공부를 할 때 어려운 낱말이 나오면 꼭 메모해 둘 거야.

긴 글을 읽을 때에는 전체의 흐름을 파악할 수 있도록 앞의 내용을 간추려 가며 읽는 것도 좋을 것 같아.

발표할 때 중요한 내용을 메모해서 잊지 않도록 할 거야.

 원인과 결과를 고려해 경험한 일에 대해 말해 보세요.

 원인과 결과 알기

🌸 이렇게 읽어요

정보를 전달하는 만화를 읽어 보며, 일어난 사건의 원인과 결과가 무엇인지 생각해 보세요. 「쓰레기 정거장」을 읽고 사람들의 생활이 어떻게 달라질지 짐작해 보세요.

🌸 선생님과 함께 미리 보는 국어책

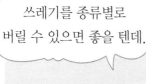

쓰레기를 종류별로
버릴 수 있으면 좋을 텐데.

좁은 장소에 한꺼번에 쓰레기를 버리니까 몹시 지저분하고 다니기도 불편해. 게다가 밤이 되면 으스스하기까지 해.

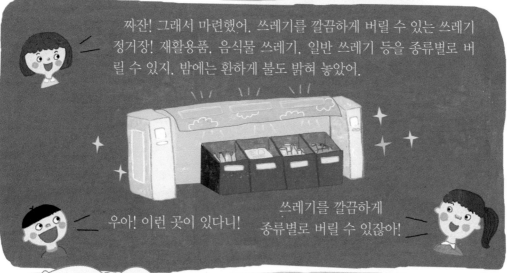

짜잔! 그래서 마련했어. 쓰레기를 깔끔하게 버릴 수 있는 쓰레기 정거장! 재활용품, 음식물 쓰레기, 일반 쓰레기 등을 종류별로 버릴 수 있지. 밤에는 환하게 불도 밝혀 놓았어.

우아! 이런 곳이 있다니!

쓰레기를 깔끔하게
종류별로 버릴 수 있잖아!

밤에 쓰레기를 버리러
갈 때 조금 무서웠는데
그럴 걱정 없겠네?

마치 버스 정거장 같아.
깨끗하고 환해서.

맞아. 정거장이야.
쓰레기 정거장!

「쓰레기 정거장」을 읽고 물음에 답해 보고, 쓰레기 정거장이 생긴 원인과 결과를 정리해 보세요.

어떤 일이 일어난 까닭을 원인이라고 하고,
그로 인해 벌어진 일을 결과라고 하지요.

쓰레기를 버릴 때 불편한 점	
골목 입구에 새로 생긴 것은 무엇인가요?	쓰레기 정거장입니다.
원인	
결과	쓰레기 정거장이 생겼습니다.

쓰레기 정거장이 생긴 뒤에 사람들의 생활이 어떻게 달라질지 생각하여 정리해 보세요.

원인과 결과를 생각하며 대화하기

 이렇게 읽어요

지후에게 어떤 일이 생겼는지 생각하며 만화를 보고 내용의 원인과 결과를 찾아 정리해 보세요.

 선생님과 함께 미리 보는 국어책

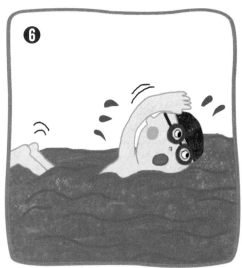

 지후에게 일어난 일을 차례에 맞게 □ 안에 번호를 쓰세요.

지후가 수영을 배움. □

지후가 수영모를 집에 두고 옴. □

□ 지후가 엄마의 말씀을 경청하지 않음.

□ 준영이가 지후에게 수영모를 빌려줌.

원인과 결과를 생각하며 지후에게 일어난 일을 차례대로 정리해 보세요.

지후에게 일어난 일의 원인과 결과를 정리해 보세요.

이야기에서는 먼저 일어난 일 때문에 그 뒤에 일어날 일이 생기게 되지요. 먼저 일어난 일이 그 뒤에 일어나는 일에 큰 영향을 주게 되면, 먼저 일어난 일을 '원인'이라고 하고, 원인 때문에 그 뒤에 일어난 일을 '결과'라고 합니다.

원인

결과

지후가 수영모를 집에 두고 옴.

준영이가 지후에게 수영모를 빌려줌.

지후는 엄마의 말씀을 경청하지 않았기 때문에 수영모를 집에 두고 왔어.

지후는 책을 읽느라 엄마의 말씀을 듣지 못했어.

준영이가 지후에게 수영모를 빌려줬어. 왜냐하면 준영이는 다리를 다쳐서 수영모를 사용하지 않게 되었기 때문이야.

원인과 결과를 이어 주는 말에는 '그래서, 때문에, 왜냐하면' 등이 있어요. '그래서', ' 때문에', '왜냐하면' 등으로 문장을 연결하면 원인과 결과가 잘 드러나게 말할 수 있어요.

배울 거리 · 원인과 결과를 생각하며 일기 쓰기

 이렇게 배워요

자신이 겪은 일을 떠올리고 원인과 결과가 드러나게 일기를 써 보세요.

 선생님과 함께 미리 보는 국어책

일기를 쓸 경험을 정해 보세요.

일기로 쓸 경험	
언제 있었던 일인가?	
어디에서 있었던 일인가?	
누구와 있었던 일인가?	

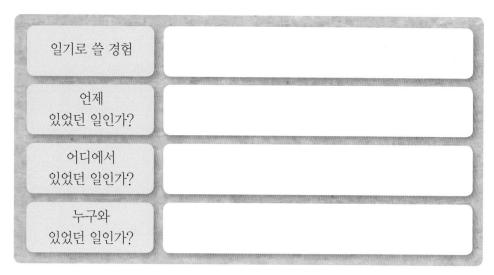

할아버지, 할머니 집에 놀러 갔던 일, 학교에서 친구의 도움을 받은 일, 집에 가는 길에 작은 곤충을 발견한 일 등 기억에 남는 경험을 떠올려 보세요.

 경험한 일을 순서에 맞게 만화로 나타내 보세요.

❶	❷

❸	❹

 원인과 결과를 생각하며 이야기를 만들어 소개하기

 이렇게 배워요

친구들에게 알려 주고 싶은 이야기 한 편을 골라 읽고, 원인과 결과에 따라 이야기를 소개해 보세요.

 선생님과 함께 미리 보는 국어책

이야기의 제목: 하늘을 나는 거북

원인	결과
거북이 매를 찾아가 높은 곳에 데려다 달라고 간절히 부탁하였다.	매가 거북을 들고 높은 곳으로 올랐다.
높은 곳에 오른 거북이 자신도 날 수 있다고 생각하여 매에게 내려 달라고 했다.	매가 거북의 부탁대로 높은 곳에서 내려 주자, 거북은 날지 못하고 땅에 떨어졌다.

원인과 결과를 생각하며 일의 순서에 맞게 이야기를 소개하는 방법입니다. 빈칸에 들어갈 말을 보기 에서 찾아 쓰세요.

보기   순서   소개   결과

- 이야기의 원인과 [   ] 을/를 알아봅니다.

- 일이 일어난 [   ] 을/를 알아봅니다.

- 이야기를 [   ] 하기 위해 꼭 필요한 내용을 찾아 간단히 정리합니다.

🦋 파란색으로 쓰인 낱말의 표기에 주의하며 그림을 살펴보세요.

앞에서 '이 애', '저 애', '그 애'를 줄여서 쓸 때에는 (애, 얘). (제, 쟤), (개, 걔) 가운데에서 어느 것이 바른 표기일까요? '이 애'. '저 애', '그 애'를 줄여서 쓸 때에는 '얘', '쟤', '걔'로 쓰는 것이 바른 표기예요.

> 말을 줄여 쓰는 일이 많을 거예요. 말을 줄여 쓸 때도 정확하게 줄여 써야 해요. 요즘 생일 파티를 '생파'라고 하고 생일 선물을 '생선'이라고 부르는데 왜 그렇게 말을 줄여 쓰는 걸까요? '이 애', '저 애', '그 애' 등 많이 쓰는 말들을 올바르게 줄여 써 보세요.

 파란색으로 쓰인 말을 줄여서 쓰고, 완성한 문장을 소리 내어 읽어 보세요.

이 애가 먼저 웃었어요!	

저 애가 점수를 냈어요.	

그 애가 술래랍니다.	

> 주변에서 줄임말을 쓰는 경우를 찾아보세요. 줄임말을 이해하지 못해서 곤란했던 적은 없나요?

> 얘, 쟤, 걔와 같은 올바로 줄여 쓴 말을 넣어 문장을 만들어 보세요.

되돌아보기 원인과 결과 알아보기

 이렇게 배워요

6단원에서는 원인과 결과 알기, 원인과 결과를 생각하며 대화하고 일기 쓰기, 원인과 결과를 생각하며 이야기를 만들어 소개하기에 관해 배웠어요. 원인과 결과를 생각하며 이야기의 흐름을 간추리는 활동을 해 보세요.

 배운 내용을 떠올리며 빈칸에 알맞은 말을 보기 에서 찾아 써 보세요.

일어난 일을 다른 사람에게 말하거나

그 일이 일어난 까닭을 알아야 할 때에는

보기

원인
결과

(   )을/를 살펴봐요.

일이 일어난 (   )과/와

 배운 내용을 생활 속에서 실천해 보세요. 내가 할 수 있는 내용인지 확인해 보세요.

 나는 원인과 결과를 생각하며 만화 영화를 볼 거야.

 나는 인터넷에서 재미있게 본 동영상 내용을 원인과 결과에 따라 간추려 이야기할 거야.

 나는 가장 감동 깊게 읽었던 이야기 속 사건을 원인과 결과에 따라 간추려서 친구들에게 소개할 거야.

 국어사전을 활용하여 글을 읽어 보세요.

 국어사전에 대해 알기

🌸 이렇게 배워요

국어사전이 필요했던 상황을 떠올려 보고 국어사전이 필요한 까닭을 정리해 보세요.

🌸 선생님과 함께 미리 보는 국어책

다른 사람에게 물어보면 될 것 같아.

물어볼 사람이 없으면 어떡하지?

낱말의 뜻을 알고 싶을 때에는 어떻게 해야 할까?

국어사전을 찾아보자.

 국어사전이 필요한 까닭을 이야기해 보세요.

 장난감 사용 설명서를 읽다가 모르는 낱말이 나와서 사용하기가 어려웠는데, 이때 국어사전에서 낱말의 뜻을 찾으면 쉽게 사용할 수 있을 것 같아.

 어머니께 요리를 해 드리고 싶은데 요리책에 나오는 낱말의 뜻을 몰라서 음식을 만들 수가 없었거든. 이때 국어사전에서 낱말의 뜻을 찾으면 만드는 방법을 이해할 수 있어 잘 만들 수 있을 것 같아.

국어사전의 겉모습을 보고 특징을 정리해 보세요.

국어사전의 앞표지에는 사전의 이름이 쓰여 있어요. 국어사전이라는 이름은 공통으로 쓰여 있지만, 특별히 국어사전에 실린 내용이나 국어사전을 사용하는 대상에 따라 제목을 붙이기도 해요.

국어사전의 옆모습을 살펴보면 낱말을 쉽게 찾을 수 있도록 한글 자음의 순서대로 배열하되, 색을 다르게 하거나 다양한 방법으로 표시한 것을 알 수 있어요.

낱말의 뜻을 몰라 국어사전을 찾아본 경험이 있나요? 국어사전이 필요한 까닭은 무엇일까요? 장난감 사용 설명서에 모르는 단어가 있거나 지나가다가 만난 안내문에 모르는 단어가 있을 수 있어요. 주변에 물어볼 수도 있지만 스스로 국어사전을 찾아 뜻을 알 수도 있어요.

국어사전에 어떤 내용이 있는지 알아보세요.

ㄱ

ㄱ [기역]「명사」한글 닿소리의 첫째.
가: ¹[가:]「명사」① 넓이를 가진 장소
나 물건의 가장 바깥쪽 부분.
② 글자 'ㄱ' 처럼 생긴 모양. 〈예〉 우
리 학교 건물은 마치 'ㄱ'자 같다.

> 한글 자음과 모음의 순서대로
> 낱말이 실리고, 시작하는 쪽에는
> 해당하는 자음이 크게 표시되어
> 있기도 해요.

다듬잇돌 [다드미똘/다드믿똘]「명
사」다듬이질할 때 밑에 바치는 돌.
「비」다듬돌. 〈예〉 이 돌이면 매끄러
운 다듬잇돌이 되겠구나.
다듬잇방망이 [다드미빵망이/다드믿
빵망이]「명사」다듬이질할 때 쓰는
두 개의 나무 방망이.

> 낱말의 발음, 낱말이 사용되는
> 예 등의 정보가 들어 있어요.

주춧돌 [주추똘/주춘똘]「명사」기둥
밑에 받쳐 놓은 돌.
「비」모퉁잇돌.

> 낱말의 뜻풀이만으로 부족한
> 경우에는 그림이나 사진을 함께
> 싣기도 해요.

부록

> 낱말과 낱말의 뜻 외에 부록으
> 로 한글 맞춤법이나 표준어 규정
> 등 우리말에 대한 유용한 내용이
> 실려 있어요.

국어사전에서 쓰인 약호나 기호 등의 쓰임새를 알아보세요.

약호, 기호

「본」 본말

「준」 준말

「비」 비슷한말

「반」 반대말

「높」 높임말

「낮」 낮춤말

『방언』 방언

『옛말』 옛말

『북한어』 북한어

: 긴소리(장음) 표시

[ ] 발음 표시

〈예〉 예문

국어사전에 나오는 약호나 기호의 의미를 알면 낱말의 뜻을 더 쉽고 편리하게 찾을 수 있어요.

국어사전에서 낱말을 찾는 방법을 알고 모양이 바뀌는 낱말을 국어사전에서 찾아봐.

국어사전을 활용해서 글을 읽어 보고 나만의 국어사전을 만들어 봐.

 국어사전에서 낱말을 찾는 방법 알기

이렇게 배워요

국어사전에서 낱말을 찾는 방법에 대해 정리해 보세요. 국어사전에는 첫 번째 글자의 첫 자음자가 같은 낱말들끼리 모여 있어요. 예를 들어 '친구'의 뜻을 찾으려면 첫 자음자가 'ㅊ'인 낱말 가운데에서 찾을 수 있습니다. ㄱ~ㅎ까지 각 자음자로 시작하는 낱말을 (   ) 안에 써 보세요.

선생님과 함께 미리 보는 국어책

첫 자음자	낱말	첫 자음자	낱말
ㄱ	가방, 개교, ( )	ㅆ	싸리문, 쓸다, ( )
ㄲ	까꿍, 꽃, ( )	ㅇ	안개꽃, 야구, ( )
ㄴ	나무, 농사, ( )	ㅈ	장사, 저울질, ( )
ㄷ	달, 두꺼비, ( )	ㅉ	짝, 쪽파, ( )
ㄸ	따개, 뚜껑, ( )	ㅊ	차림새, 친구, ( )
ㄹ	라면, 러시아, ( )	ㅋ	칸막이, 콩, ( )
ㅁ	모자, 문학, ( )	ㅌ	타조, 통나무, ( )
ㅂ	바다, 병풍, ( )	ㅍ	파도, 포구, ( )
ㅃ	빵, 뺄셈, ( )	ㅎ	하늘, 허수아비, ( )
ㅅ	사람, 숯가마, ( )		

한글 글자는 첫 자음자, 모음자, 받침으로 이루어지는데, 국어사전에는 이들 각각에 쓰인 낱자의 순서에 따라 낱말이 실려 있어요. '친구'를 국어사전에서 찾으려면, 먼저 첫 번째 글자인 '친'을 찾고, 그다음에 두 번째 글자인 '구'를 붙여 낱자가 짜인 순서대로 찾아야 합니다.

첫 자음자	ㄱ	ㄲ	ㄴ	ㄷ	ㄸ	ㄹ	ㅁ	ㅂ	ㅃ	ㅅ	ㅆ
	ㅇ	ㅈ	ㅉ	ㅊ	ㅋ	ㅌ	ㅍ	ㅎ			

모음자	ㅏ	ㅐ	ㅑ	ㅒ	ㅓ	ㅔ	ㅕ	ㅖ	ㅗ	ㅘ	ㅙ
	ㅚ	ㅛ	ㅜ	ㅝ	ㅞ	ㅟ	ㅠ	ㅡ	ㅢ	ㅣ	

받침	ㄱ	ㄲ	ㄳ	ㄴ	ㄵ	ㄶ	ㄷ	ㄹ	ㄺ	ㄻ	ㄼ
	ㄽ	ㄾ	ㄿ	ㅀ	ㅁ	ㅂ	ㅄ	ㅅ	ㅆ	ㅇ	ㅈ
	ㅊ	ㅋ	ㅌ	ㅍ	ㅎ						

친
첫 자음자 — ㅊ
모음자 — ㅣ
받침 — ㄴ

구
첫 자음자 — ㄱ
모음자 — ㅜ
받침 — 없음

국어사전에는 종이 사전, 전자사전, 인터넷을 이용한 사전 등이 있어요. 비록 종류는 다르지만 여러 종류의 국어사전은 모두 낱말과 뜻의 순서로 실려 있다는 것과 낱말의 뜻이 여러 가지인 경우가 있다는 것이 비슷해요.

짝 지어진 두 낱말 가운데에서 어느 것이 국어사전에 먼저 실리는지 알아보고 먼저 실리는 글자에 ○표 하세요.

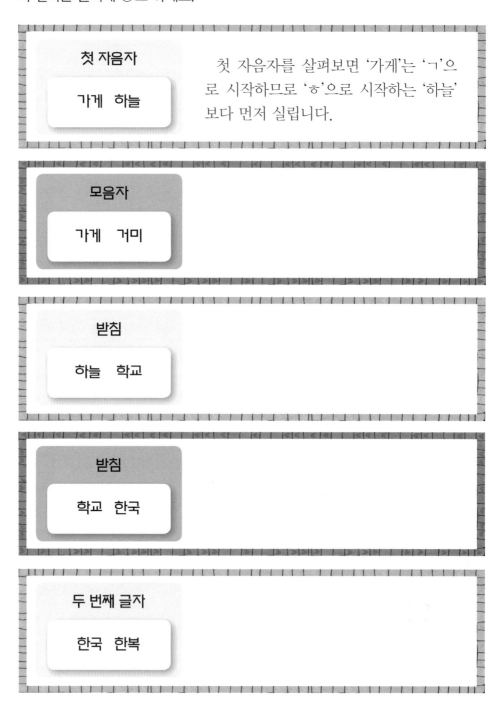

첫 자음자

가게 하늘

첫 자음자를 살펴보면 '가게'는 'ㄱ'으로 시작하므로 'ㅎ'으로 시작하는 '하늘'보다 먼저 실립니다.

모음자

가게 거미

받침

하늘 학교

받침

학교 한국

두 번째 글자

한국 한복

다음 낱말을 국어사전에 실리는 순서대로 써 보세요.

낱말	국어사전에 실리는 순서
가을, 두부, 마을	가을 → 두부 → 마을
사탕, 나비, 라디오	→ →
사슴, 사슬, 사진	→ →
고양이, 고구마, 고슴도치	→ →
바다, 발자국, 발등	→ →
삵, 상, 삶	→ →

 위에서 알아본 낱말 가운데에서 두 가지를 골라 국어사전에서 찾아보고 그 뜻을 써 보세요.

낱말	그 뜻

국어사전에서 낱말을 찾고 나면, 한 개의 낱말에 여러 개의 뜻이 있는 경우가 많지요. 낱말을 찾은 후 가장 적절한 뜻을 확인하기 위해서는 낱말의 뜻이 문장에 어울리는지 살펴보아야 해요. 그리고 여러 가지 뜻을 가진 낱말이면 앞뒤 문맥을 살펴보고 여러 가지 뜻 가운데에서 어떤 것이 문장에 어울리는지 알아보아야 해요.

 모양이 바뀌는 낱말을 국어사전에서 찾기

이렇게 배워요

모양이 바뀌는 낱말에서 모양이 바뀌는 부분과 바뀌지 않는 부분을 구분해 보세요. 기본형을 알아보고 보기 의 낱말을 종류별로 분류하여 적어 보세요.

선생님과 함께 미리 보는 국어책

보기

귀엽다 동생 먹다 작다 웃다 달리다
도서관 넓다 일어서다 많다 소금 높다

모양이 바뀌는 낱말과 바뀌지 않는 낱말로 분류하기

모양이 바뀌는 낱말	모양이 바뀌지 않는 낱말
귀엽다, 먹다, 작다, 웃다, 달리다, 넓다, 일어서다, 많다, 높다.	동생, 도서관, 소금

모양이 바뀌는 낱말은 움직임을 나타내는 낱말과 성질이나 상태를 나타내는 낱말로 분류할 수 있어요.

☀ 움직임을 나타내는 낱말과 성질이나 상태를 나타내는 낱말로 분류하기

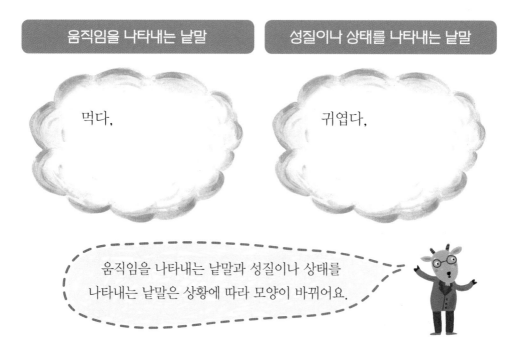

움직임을 나타내는 낱말	성질이나 상태를 나타내는 낱말
먹다,	귀엽다,

움직임을 나타내는 낱말과 성질이나 상태를
나타내는 낱말은 상황에 따라 모양이 바뀌어요.

🦋 파란색으로 쓴 낱말에서 모양이 바뀌지 않는 부분과 모양이 바뀌는 부분을 써 보세요.

> 동생이 밥을 먹는다.　동생이 밥을 먹으면 나는 간식을 먹겠다.
> 동생이 밥을 먹었다.　동생이 밥을 먹고 이를 닦았다.

낱말	모양이 바뀌지 않는 부분	모양이 바뀌는 부분
먹는다	먹	는다
먹었다		
먹으면	먹	
먹고		

산은 높은데 땅은 낮다.　　우리 마을에 높은 산이 있다.
산은 높고 바다는 넓다.　　산이 높아서 올라가기가 힘들다.

낱말	모양이 바뀌지 않는 부분	모양이 바뀌는 부분
높은데	높	은데
높고		
높은	높	
높아서		

낱말의 **기본형**이란 상황에 따라 모양이 바뀌는 낱말을 대표하는 낱말이에요. 낱말에서 모양이 바뀌지 않는 부분에 '–다'를 붙여서 기본형을 만들어요.

 모양이 바뀌는 낱말의 기본형을 알아보세요.

'먹다'에서 모양이 바뀌지 않는 부분은 '먹'이고 먹는다, 먹었다, 먹으면, 먹고 등으로 모양이 바뀌어.

'먹다'는 기본형이고 '는다, 었다, 으면, 고' 등은 모양이 바뀌는 부분이야.

낱말의 기본형을 알아야 하는 까닭을 알아보세요.

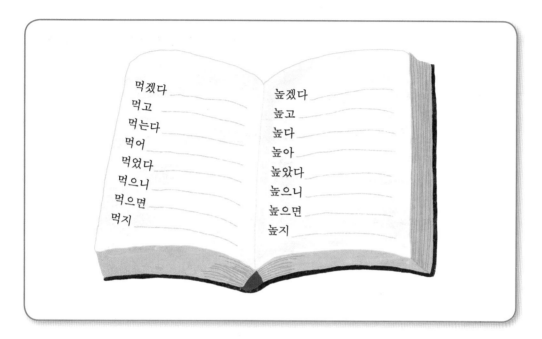

먹겠다
먹고
먹는다
먹어
먹었다
먹으니
먹으면
먹지

높겠다
높고
높다
높아
높았다
높으니
높으면
높지

국어사전에 모양이 바뀐 낱말을 모두 실으면
국어사전이 너무 두꺼워질 것 같아.

그래서 모양이 바뀌는 낱말은 국어사전에
기본형만 실려 있구나.

낱말이 상황에 따라 모양이 바뀔 때에는 모양이 바뀌지
않는 부분에 '–다'를 붙여 기본형을 만들어요. 모양이
바뀌는 낱말의 기본형을 정하는 까닭은 모양이 바뀌는
낱말을 모두 국어사전에 실을 수 없기 때문이에요.

낱말의 기본형을 알아보세요.

낱말	모양이 바뀌지 않는 부분	기본형
맑고, 맑아서, 맑으니	맑	맑다
읽고, 읽으니, 읽으며	읽	읽다
자고, 자니, 자서	자	자다
웃고, 웃어서, 웃으니	웃	웃다

 파란색으로 쓴 낱말의 기본형을 알아보세요.

> 친구들과 함께 소풍을 갔습니다. 넓은 잔디밭에서 두 명이 짝을 지어 서로의 한 발을 끈으로 묶고 달리기를 했습니다. 놀이가 끝나고 난 뒤에 묶은 끈을 풀고 친구들과 함께 이야기를 했습니다.

낱말	모양이 바뀌지 않는 부분	기본형
묶고		
묶은		

낱말의 기본형을 써 보세요.

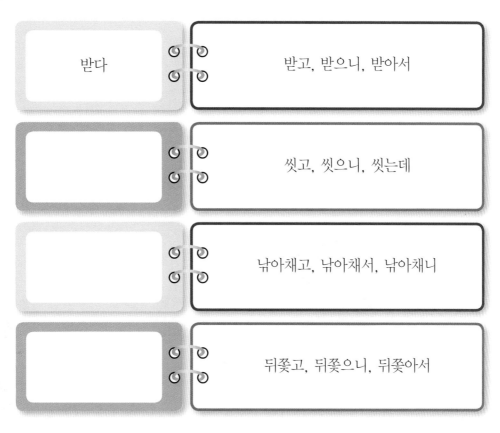

| 받다 | 받고, 받으니, 받아서 |

| | 씻고, 씻으니, 씻는데 |

| | 낚아채고, 낚아채서, 낚아채니 |

| | 뒤쫓고, 뒤쫓으니, 뒤쫓아서 |

낱말의 기본형을 알고 국어사전에 실리는
순서대로 써 보는 연습을 해 보세요.

 위에서 쓴 기본형을 국어사전에 실리는 순서대로 정리해 보세요.

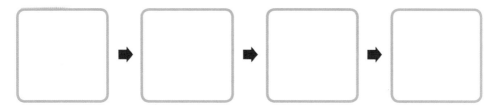

| | ➡ | | ➡ | | ➡ | |

 나만의 국어사전 만들기

 이렇게 배워요

주변에서 볼 수 있는 여러 가지 국어사전을 살펴보세요. 국어사전을 만드는 과정을 알아보고, 국어사전을 만들어 보세요.

 선생님과 함께 미리 보는 국어책

① 국어사전에 실을 낱말을 정합니다.

② 국어사전에 실리는 순서대로 낱말을 정리합니다.

③ 국어사전에서 낱말의 뜻을 찾아 씁니다.

④ 자기가 정한 모양으로 국어사전을 만듭니다.

자기가 만든 국어사전을 정리해 보세요.

국어사전 이름

낱말	뜻	예문

내가 정한 국어사전의 모양

앞표지

뒤표지

사전의 이름은 보통 앞표지에 들어가요. 자기가 만들고자
하는 국어사전의 특징이 잘 드러나게 이름을 붙여 보세요.

뒤표지에는 만든 사람, 만든 날짜,
출판사, 가격 등을 표시해요.

이 단원에서 배운 낱말을 사용해 자기가 만든 국어사전을 살펴보며 스스로 잘한 점과 노력한 점을 찾아 이야기해 보세요.

국어사전에서 살펴볼 점

• 낱말의 뜻이 잘 전달되도록 설명했습니다.

• 국어사전에 실리는 순서대로 낱말을 정리했습니다.

• 국어사전에 어울리는 모양을 갖추어 만들었습니다.

• _____

잘한 점	
노력한 점	

국어사전을 직접 만들면 내가 모르는 낱말의
뜻을 쉽게 찾을 수 있고, 낱말의 뜻을 정확히 알아
어휘력이 향상될 수 있어요.

정리

되돌아보기 국어사전에 낱말이 실리는 순서를 알고, 낱말의 뜻을 찾아보기

 이렇게 배워요

7단원에서는 국어사전에서 낱말을 찾는 방법, 모양이 바뀌는 낱말을 국어
사전에서 찾는 방법, 나만의 국어사전 만들기에 관해 배웠어요. 국어사전
을 즐겨 사용하는 습관을 가져 보세요.

 보기 의 낱말을 국어사전에 낱말이 실리는 순서대로 쓰고 국어사전에서 낱말의
뜻을 찾아 써 보세요.

| 보기 | 발명 잃다 발견 잊다 |

☐ ➡ ☐ ➡ ☐ ➡ ☐

낱말	뜻
발명	전에 없던 물건이나 방법 따위를 새로 생각해 만들어 내다.

 배운 내용을 생활 속에서 실천해 보세요. 내가 할 수 있는 내용인지 확인해 보세요.

 신문을 읽을 때 모르는 낱말이 나오면 국어사전에서 뜻을 찾을 거야.

 내가 좋아하는 과학책을 읽을 때 어려운 낱말이 나오면 국어사전을 사용해
야겠어.

 글에서 의견을 찾고 내 생각을 표현해 보세요.

 의견에 대해 알기

이렇게 배워요

일상적인 생활 속의 상황에서 의견을 파악하는 활동을 해 보세요. 다음 상황처럼 다른 사람에게 피해를 주는 상황을 떠올리고 정리해 보세요.

선생님과 함께 미리 보는 국어책

떠올린 상황을 정리해 보세요.

어떤 일을 떠올렸나요?	
어떤 생각이 들었나요?	

 떠올린 상황 가운데에서 자신이 경험한 일에 대한 의견을 말해 보세요.

도서관에서 책을 읽고 흩트려 놓는 친구들에게 책을 제대로 꽂아 두라고 말하고 싶었어.

급식실에서 떠드는 아이들을 보고 이야기하고 싶었는데 하지 못했어.

놀이터에 버려진 쓰레기를 줍는 친구를 보고 나도 그렇게 하고 싶었어.

다른 사람에게 피해를 준 적이 있는지 자신의 경험을 떠올려 보세요. 피해를 준 적이 있다면 어떤 피해였는지 이야기해 보세요.

 글쓴이의 의견을 파악하는 방법 알기

 이렇게 읽어요

글을 읽을 때 글쓴이의 의견을 파악하는 방법을 알아보세요. 글쓴이의 의견이 무엇인지 생각하며 「우리가 모두 지구 지킴이」를 읽어 보세요.

 선생님과 함께 미리 보는 국어책

우리가 모두 지구 지킴이

우리는 지구를 깨끗하게 하기 위하여 노력해야 합니다. 왜냐하면 지구는 앞으로도 우리가 살아가야 할 터전이기 때문입니다. 그런데 우리가 한 번 쓰고 난 뒤 무심코 버리는 일회용품은 지구를 병들게 합니다. 일회용품은 평소에 사람들이 자주 사용하는 비닐봉지, 일회용 컵, 나무젓가락 등을 말합니다. 그러므로 일회용품의 사용을 줄이기 위해 다음과 같은 일을 실천해야 합니다.

첫째, 비닐봉지의 사용을 줄여야 합니다. 전 세계적으로 매년 사용되는 비닐봉지의 양을 조사해 보니 1조 개나 된다고 합니다. 이것을 처리하려면 많은 돈이 들어갑니다. 그렇지 않고 비닐봉지가 자연적으로 처리되어 없어지게 하려면 500년 이상의 시간이 걸립니다. 그러므로 물건을 사거나 담을 때에는 여러 번 사용할 수 있는 가방이나 장바구니 등을 활용해야 합니다.

둘째, 일회용 컵의 사용을 줄여야 합니다. 일회용 컵은 사용이 간편한 만큼 쉽게 쓰고 버리기 때문에 낭비하기 쉽습니다. 이렇게 낭비가 많아지면 그것의 재료가 되는 나무나 플라스틱 등도 많이 필요하기 때문에 이것을 만들려면 더 많은 환경이 파괴될 수 있습니다. 그러므로 일회용 컵 대신 여러 번 사용할 수 있는 컵을 사용해야 합니다.

　셋째, 나무젓가락의 사용을 줄여야 합니다. 나무젓가락은 나무로 만들어져서 환경에 해롭지 않을 것이라고 생각하기 쉽습니다. 그러나 나무를 일회용품으로 만들 때에는 다양한 약품 처리를 하기 때문에 20년 정도의 시간이 걸려야 자연으로 돌아간다고 합니다. 그러므로 여러 번 쓸 수 있는 젓가락을 사용해야 합니다.

종이류 2~3개월　　우유팩 5년　　나무젓가락 20년　일회용 컵 20년 이상

비닐봉지　　알루미늄 캔　　일회용 기저귀
500년 이상　　100년 이상　　100년 이상　　금속 캔 100년

△ 일회용품이 자연적으로 처리되어 없어지는 데 걸리는 시간

　우리는 일회용품의 사용을 줄이고 깨끗한 지구를 만들어야 합니다. 지금까지 살펴본 것들은 우리가 생활 속에서 직접 실천할 수 있는 일입니다. 이밖에도 우리가 할 수 있는 일을 찾아보면 여러 가지가 있을 것입니다. 지구를 지키고 가꾸는 것은 우리 모두의 책임입니다. 우리 모두가 지구 지킴이가 된다면 깨끗한 지구를 만들 수 있습니다.

글을 읽고 물음에 답하세요.

일회용품을 많이 사용하면 지구가 어떻게 된다고 했나요?

지구를 깨끗하게 지켜야 하는 까닭은 무엇이라고 했나요?

지구를 지킬 수 있는 사람은 누구라고 했나요?

「우리가 모두 지구 지킴이」에서 글쓴이의 의견을 나타낸 문장을 찾아보세요.

> 글쓴이의 의견을 드러내는 문장은
> 주로 '~해야 합니다.', '~라고 생각합니다.', '~하자',
> '~해야 한다.' 등과 같이 나타냅니다.

문단	의견을 나타낸 문장
1	비닐봉지의 사용을 줄여야 합니다. / 물건을 사거나 담을 때에는 여러 번 사용할 수 있는 가방이나 장바구니 등을 활용해야 합니다.
2	
3	

글쓴이의 의견을 나타낸 문장을 바탕으로 하여 글쓴이의 의견을 정리해 보세요.

글쓴이는 일회용품을 많이 사용하는 습관이 지구를 병들게 한다고 말하고 있어요.

 글쓴이는 지구를 지킬 수 있는 사람은 바로 우리라고 말하고 있어요.

 친구들과 함께 일회용품을 줄이기 위해 실천할 수 있는 일을 이야기해 보세요.

배울 거리 의견을 파악하며 글 읽기

 이렇게 읽어요

글쓴이의 의견이 무엇인지 파악하며「사이좋게 지내자」를 읽어 보세요.

 **선생님과 함께 미리 보는 국어책**

사이좋게 지내자

우리가 함께 살아가기 위해서는 서로 사이좋게 지내야 합니다. 날마다 만나는 사람들끼리 사이좋게 지내지 않는다면 어떤 일이 생길까요? 아마 우리는 서로 잘 만나려고 하지 않을 것입니다. 그렇게 되면 친구도 없어지고 어려운 일이 있어도 서로 도와주지 않게 될 것입니다. 우리가 사이좋게 지낼 수 있는 방법을 알아봅시다.

첫째, 서로 도와야 합니다. 우리는 혼자서 살아가는 것이 아니라 같이 모여서 살아갑니다. 또 잘하는 것, 잘하지 못하는 것이 서로서로 다릅니다. 그래서 우리가 어떤 일을 할 때 서로의 도움이 필요할 때가 많습니다. 상대에게 내 도움이 필요할 때 도움을 주고, 누군가의 도움이 필요할 때 상대도 나에게 도움을 준다면 우리는 일을 더 잘해낼 수 있습니다.

둘째, 서로 양보해야 합니다. 양보가 없다면 우리는 서로 불편하게 살아야 합니다. 모두가 자신에게 편리하거나 이익이 되는 일만 하려고 하면 우리 사회는 살아가기 힘들어지기 때문입니다. 그러므로 양보하는 것이 손해가 되지는 않습니다. 양보를 하면 처음에는 손해를 보는 것 같지만, 결국에는 일이 더 잘되는 경험을 할 수 있습니다.

셋째, 바르고 고운 말을 해야 합니다. 말은 생각과 더불어 기쁨, 슬픔, 즐거움 같은 감정도 전달해 줍니다. 그래서 바르고 고운 말은 듣는 사람을 즐겁게 하지만, 가시 돋친 말은 듣는 사람의 마음을 상하게 합니다. 상대에게 바르고 고운 말을 한다면 서로를 믿게 되고 더욱 사이좋게 지낼 수 있습니다.

지금까지 우리는 서로 사이좋게 지내려면 어떻게 해야 하는지 생각해 보았습니다. 사이좋게 지내려면 서로 돕고 양보하며, 바르고 고운 말을 써야 합니다. 이렇게 한다면 다른 사람들과도 쉽게 어울릴 수 있고, 사이가 더욱 다정해져서 모두가 즐겁게 생활할 수 있습니다.

글쓴이의 의견을 나타내는 문장을 찾아보고 옳은 것에 ○표 하세요.

 글을 읽고 글쓴이의 의견을 알아보려면 제목을 보고 글의 내용을 짐작해 보세요. 또 '~하면 좋겠다, ~해야 한다, ~해야 합니다' 등의 표현이 쓰인 문장을 찾습니다. 그리고 중심 문장을 찾고 중심 문장을 연결하여 주요 내용을 파악하고 제목과 중심 문장을 연결하여 글쓴이의 의견을 알아볼 수 있어요.

• 서로 도와야 합니다.	
• 준비물을 잘 챙겨야 합니다.	
• 서로 양보해야 합니다.	
• 바르고 고운 말을 해야 합니다.	
• 아침 일찍 일어나야 합니다.	
• 인사를 잘해야 합니다.	

 「사이좋게 지내자」를 다시 읽고 글쓴이의 의견을 간추려 써 보세요.

그림 **가**~**라**를 보고 주변에서 경험한 일을 이야기해 보세요.

🦋 그림을 보고 ㉮~㉱에 알맞은 의견을 선으로 연결하세요.

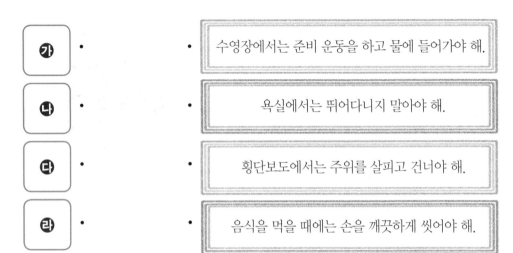

㉮ •

㉯ •

㉰ •

㉱ •

• 수영장에서는 준비 운동을 하고 물에 들어가야 해.

• 욕실에서는 뛰어다니지 말아야 해.

• 횡단보도에서는 주위를 살피고 건너야 해.

• 음식을 먹을 때에는 손을 깨끗하게 씻어야 해.

🦋 글쓴이의 의견을 파악하는 방법을 바르게 설명한 것을 모두 찾아 ○표 하세요.

글쓴이의 생각을
나타낸 문장을 찾아요.

무조건 문단의
첫 번째 문장을 찾아요.

'~라고 생각합니다'
등의 의견을 드러내는
문장을 찾아요.

재미있는 문장을
찾아요.

글쓴이의 생각이
나타나는 '~해야 한다'
등으로 끝나는
문장을 찾아요.

글을 빠르게
훑어 읽어요.

배울 거리 주변에서 경험한 일에 대한 자신의 의견 쓰기

 이렇게 배워요

자신의 의견이 잘 나타나게 글을 써 보는 활동을 해 보세요. 다음 그림을 보고 주변에서 경험한 일에 대해 친구들과 이야기를 나눠 보고, 자신의 의견이 잘 나타나도록 글을 써 보세요.

선생님과 함께 미리 보는 국어책

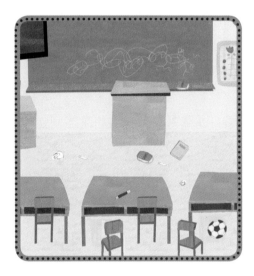
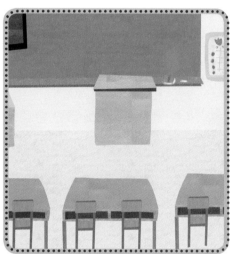

 바른 우리말 사용에 관한 글을 읽고, 자신의 의견을 글로 표현해 보세요.

우리말을 바르게 사용해요.

　우리는 아름다운 우리말을 바르게 사용해야 합니다. 줄임말이나 잘 알지 못하는 말을 사용하면 전달하고 싶은 말을 상대가 이해하기 어렵습니다. 그리고 아름다운 우리말이 병들어 사라질 수도 있습니다. 아름다운 우리말을 지키면서 바르게 사용하면 좋겠습니다.

글을 쓴 후에는 제목을 알맞게 썼는지, 글에 자신의 의견이 잘 드러났는지, 의견에 대한 까닭을 함께 썼는지 확인해 보아야 해요.

되돌아보기 의견을 파악해서 글을 써 보기

 이렇게 배워요

8단원에서는 글을 읽고 인물의 의견 알기, 글쓴이의 의견을 파악하는 방법 알기, 의견을 파악하며 글 읽기, 주변에서 경험한 일에 대한 자신의 의견 쓰기에 관해 배웠어요. 여러 가지 문제에 대한 자신의 의견이 무엇인지를 밝혀 보세요.

 다음 글은 학급 게시판에 전시된 쪽지의 일부분입니다. 쪽지의 내용에 알맞은 의견을 써 보세요.

> 계단에서 뛰어다니면 마주 오는 친구와 부딪히거나 넘어져 다칠 수 있습니다. 또 들고 있던 물건도 떨어져 망가질 수 있습니다.

 배운 내용을 생활 속에서 실천해 보세요. 내가 할 수 있는 내용인지 확인해 보세요.

학교 누리집에 올라온 글을 읽고 의견이 무엇인지 파악해 볼 거야.

주변에 있는 게시판의 글을 볼 때 의견이 무엇인지 생각하며 읽을 거야.

글쓴이가 가장 말하고자 하는 의견이 무엇인지 찾아보며 논설문을 읽을 거야.

 낱말의 뜻이나 생략된 내용을 짐작하며 글을 읽어 보세요.

 낱말의 뜻을 짐작했던 경험 나누기

 이렇게 배워요

일상생활에서 접할 수 있는 안내문에서 모르는 낱말을 찾았던 경험을 떠올려 보세요. 다음은 폭포 앞에 붙어 있는 안내문입니다. 안내문에서 모르는 낱말의 뜻이 무엇일지 생각해 보세요.

 선생님과 함께 미리 보는 국어책

안내문

○○ 폭포는 수심이 매우 깊어서 매년 물에 빠지는 사고가 발생하는 장소이므로 수영이나 물놀이를 금해 주시기 바랍니다.

△△시공원관리사업소장·△△소방서장

이 폭포는 수심이 매우 깊다는데 여기서 '수심'은 무슨 뜻일까?

매년 물에 빠지는 사고가 발생하는 장소라고 하네. '발생'이 뭐지?

일상생활에서 모르는 낱말을 읽고 고민했던 경험을 친구들과 나누어 보세요.

☀ '수심'과 '발생' 외에 안내문에서 모르는 낱말을 찾아 써 보세요.

☀ 모르는 낱말이 있어 고민했던 경험을 이야기해 보세요.

☀ 글을 읽다가 모르는 낱말이 있으면 어떻게 하는 것이 좋을지 생각해 보세요.

글을 읽다가 모르는 낱말이 나오면 어른들께 여쭈어 보거나 국어사전을 찾아보세요. 또는 인터넷에서 검색하거나 글의 앞뒤 내용을 보고 미루어 짐작할 수도 있어요.

 낱말의 뜻을 모르면 낱말의 뜻을 짐작해서 글을 읽어야 해. 텔레비전 뉴스를 볼 때 모르는 단어가 많이 나와. 모르는 단어가 있으면 내용이 잘 이해가 안 가.

어려운 책을 볼 때도 모르는 단어가 나오지. 그럴 때는 어른들께 여쭈어보거나 국어사전, 인터넷을 찾아봐야 해.

 낱말의 뜻을 짐작하는 방법을 알아봐야겠어.

배울 거리 낱말의 뜻을 짐작하는 방법 알기

 이렇게 배워요

모르는 낱말의 뜻을 짐작하는 방법에 대하여 알아보세요. 다음 글에서 '닳게'의 앞뒤 문장을 살펴보며 낱말의 뜻을 짐작해 보세요.

 선생님과 함께 미리 보는 국어책

> 영수는 새 지우개가 가지고 싶었어요. 하지만 어머니는 이미 가지고 있는 지우개를 다 쓰면 그때 새 지우개를 사 주시겠다고 하셨어요. 영수는 지우개를 빨리 닳게 하려고 쉬지 않고 책상이나 종이, 바닥에 지우개를 문질렀어요. 그러자 영수의 지우개는 하루 만에 크기가 반으로 줄어 버렸어요.

'닳게'의 뜻	짧아지게 / 줄어들게 / 작아지게 / 없어지게

앞부분을 읽어 보니 영수는 지우개가 빨리 없어지길 바랐네.

뒷부분을 읽어 보니 영수의 지우개 크기가 반으로 줄어 버렸네

지우개를 책상이나 종이, 바닥에 문질렀더니 줄어들었어.

🦋 앞에서 짐작한 뜻과 비슷한 뜻의 낱말을 써 보세요. 그리고 낱말을 '닳게'와 바꾸어도 문장의 뜻이 자연스러운지 생각해 보세요.

비슷한 뜻의 낱말	짧아지게, 줄어들게, 작아지게, 없어지게

🦋 '닳게'의 뜻을 국어사전에서 찾아보고 짐작한 뜻과 비교해 보세요.

낱말	기본형	국어사전에서 찾은 뜻
닳게	닳다	

🦋 '닳다'가 사용된 예를 떠올리며 짧은 문장으로 써 보세요.

🦋 글을 읽을 때 낱말의 뜻을 짐작하는 방법을 정리해 보세요. 빈칸에 들어갈 알맞은 말을 보기 에서 골라 써 보세요.

보기	비슷 　 예 　 앞뒤

- [   ] 의 문장이나 낱말을 살펴봅니다.

- 짐작한 뜻과 [   ] 한 뜻의 낱말을 넣어 봅니다.

- 낱말이 사용된 [   ] 을/를 떠올려 봅니다.

배울 거리 안내문 읽기

 이렇게 읽어요

일상생활에서 접할 수 있는 안내문에서 모르는 낱말을 찾아 그 뜻을 짐작해 보고 생략된 내용을 생각해 보세요. 약국에서 「어린이를 위한 의약품 사용 안내」를 보았어요 안내문을 꼼꼼히 읽어 보세요.

선생님과 함께 미리 보는 국어책

어린이를 위한 의약품 사용 안내

한국의약품안전 관리원은?
의약품 안전 관리를 수행하는 공공 기관으로서 의약품 안전 관리 체계 선진화와 국민 건강 증진에 기여하고자 합니다.

❶ 약 이름, 아이 이름 보고

약 이름, 아이 이름을 꼭 확인해 보세요.
• 약의 종류와 용량은 아이의 질병 상태와 체중에 따라 달라요.
• 친구나 형제, 자매끼리 약을 나누어 먹이지 마세요.

❷ 정확한 용량 보고

약 투약 시 계량컵, 계량스푼 또는 의약품 주입기를 사용하세요.
- 어른을 기준으로 어린이 용량을 유추해
  먹이지 마세요.
- 아이가 약을 먹은 시간과 용량을
  적어 두는 습관을 기르세요.

❸ 유통 기한 보고

유통 기한이 지난 약은 과감하게 버리세요.
- 유통 기한이 지난 약은 효과와 품질을 보장할 수 없습니다.
- 특히 물약은 알약이나 가루약보다 더 불안정해 오래 두면 성질
  이 변하기 쉽다는 점 기억하세요.

약을 안전하게 버리는 방법

- 약을 변기에 쏟아 버리거나 생활 쓰레기와 함께 버리면 환경 오
  염의 주범이 됩니다.
- 유통 기한이 지났거나 더 이상 사용할 수 없는
  약은 안전하게 폐기 처분되도록
  가까운 약국의 폐의약품 수거함
  에 버리세요.

뜻을 모르는 낱말을 찾고, 그 낱말의 뜻을 짐작하여 써 보세요.

뜻을 모르는 낱말	짐작한 뜻

 앞에서 쓴 낱말을 국어사전에서 찾아 그 뜻을 써 보세요.

뜻을 모르는 낱말	국어사전에서 찾은 뜻
의약품	병을 예방하거나 고치는 데 쓰는 약품.
수행	일을 계획한 대로 해내는 것.
증진	더 많고 나아지게 만드는 것.
용량	하루에 또는 한 번에 사용하거나 먹는 일정한 분량.
투약	일정한 처방에 따라 약을 알맞게 섞어 만들어 주거나 씀.
계량	일정한 도구를 써서 양이나 무게 등을 재는 것.
주입	작은 구멍으로 액체가 들어가게 쏟아 넣는 것.
과감하다	결정이 빠르고 용감하다.
주범	여럿 가운데에서 가장 중심이 되는 범인.

낱말의 뜻을 짐작하며 글을 읽으면 국어사전을 찾지 않아도
되어 시간을 절약할 수 있어요. 또 생략된 내용을 짐작하면
글을 더 잘 이해하며 실감 나게 읽을 수 있지요.

 자신의 경험을 떠올리며 약을 먹을 때 특별히 신경 썼던 점을 써 보세요.

글을 읽으며 생략된 내용을 짐작하기 위해서는 글에서
찾을 수 있는 단서를 확인하면 효과적이에요. 또 자신의 경험을
떠올리면 생략된 내용을 쉽게 짐작할 수 있어요.

 안내문을 읽고 의약품을 사용할 때 지켜야 할 어린이들의 바른 행동을 짐작하여
써 보세요.

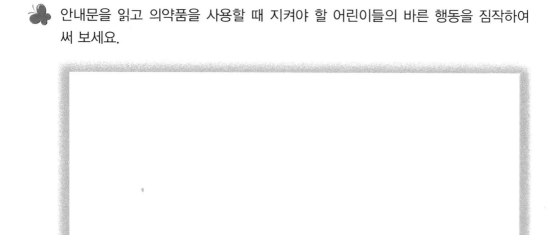

파란색으로 쓰인 낱말의 표기에 주의하며 글을 읽어 보세요.

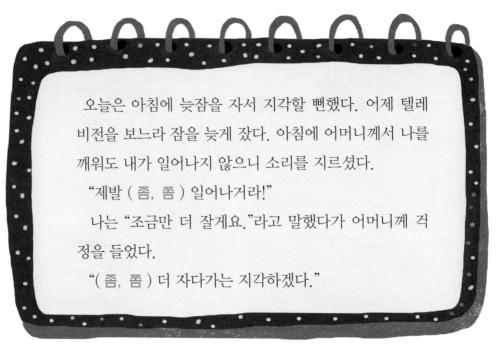

> 오늘은 아침에 늦잠을 자서 지각할 뻔했다. 어제 텔레
> 비전을 보느라 잠을 늦게 잤다. 아침에 어머니께서 나를
> 깨워도 내가 일어나지 않으니 소리를 지르셨다.
> "제발 (좀, 쫌) 일어나거라!"
> 나는 "조금만 더 잘게요."라고 말했다가 어머니께 걱
> 정을 들었다.
> "(좀, 쫌) 더 자다가는 지각하겠다."

 (   ) 안의 표기 가운데에서 어느 것이 바른 표기인지 ○ 표를 하세요.

좀, 쫌

'조금'의 준말은 '좀'으로 써야 해요.
'쫌'은 잘못된 표현이에요.

 파란색으로 쓰인 낱말을 준말로 바르게 표기하고, 완성한 문장을 소리 내어 읽어
보세요.

• 밥을 먹으니 이제 쫌 배가 부르다. ☐

• 물건 값이 쫌 비싸다. ☐

되돌아보기 **글을 읽으며 낱말의 뜻 짐작하는 방법 알기**

 이렇게 배워요

9단원에서는 낱말의 뜻을 짐작하는 방법, 낱말의 뜻을 짐작하며 글 읽기, 글을 읽고 생략된 내용을 짐작하는 방법에 관해 배웠어요. 생략된 내용을 짐작하며 글을 읽는 것을 습관화하면 글 읽는 즐거움을 알게 될 거예요.

이 단원에서 공부한 내용을 되돌아보며 빈칸에 알맞은 말을 보기 에서 찾아 써 넣으세요.

보기   예   비슷한   멋있는   소리

- 글을 읽으며 낱말의 뜻을 짐작할 때에는 그 낱말이 사용된

  [   ] 을/를 떠올려 본다.

- 낱말의 뜻을 짐작할 때에는 짐작한 뜻과 [   ]

  뜻의 낱말을 넣어 본다.

 배운 내용을 생활 속에서 실천해 보세요. 내가 할 수 있는 내용인지 확인해 보세요.

이야기를 읽을 때 뜻을 모르는 낱말이 나오면 이 단원에서 배운 대로 뜻을 짐작해 볼 수 있어.

공공장소에 있는 안내문을 읽을 때 낱말의 뜻을 짐작하며 읽을 거야.

새로 산 물건의 설명서를 읽을 때 모르는 낱말이 나오면 낱말의 뜻을 짐작해 보며 읽을 거야.

 재미있거나 감동적인 부분을 나누며 작품을 감상해 보세요.

 재미있게 읽었거나 감동을 받은 책 소개하기

 이렇게 배워요

자신이 재미있게 읽었거나 감동을 받은 책을 친구에게 어떻게 소개할지 생각해 보세요. 길동이와 초희가 읽은 책에 대해 어떤 말을 주고받는지 살펴보세요.

 선생님과 함께 미리 보는 국어책

길동아, 이 책들 읽어 봤니? 진짜 재미있던데.

그림! 두 권 다 감동적으로 읽은 책이지.

『훨훨 간다』에서 농부가 황새를 보고 이야기를 만드는 장면을 생각하니 웃음이 났어.

맞아. "기웃기웃 살핀다.", "콕 집어 먹는다."는 말을 소리 내어 읽어 보면 더 재미있어.

『리디아의 정원』에서 리디아가 만든 아름다운 정원의 모습이 감동적이었어.

그래? 나는 왠지 우리 삼촌이 생각나서 눈물이 나던데……

같은 책을 읽어도 느낌이 다를 수 있구나.

사람마다 생각과 경험이 다르니까!

만화를 보고 물음에 답하세요.

- 길동이와 초희가 읽은 책은 무엇인가요?

- 길동이는 책을 어떻게 읽으면 더 재미있다고 했나요?

- 초희는 어떤 장면에서 감동을 느꼈나요

같은 책을 읽어도 느낌이 서로 다른 까닭은 사람마다 경험이 다르고, 사람마다 생각과 알고 있는 것이 다르기 때문이에요.

 다음은 길동이가 책의 인물을 보고 다른 인물을 떠올리며 감동을 느꼈던 경험을 나타낸 것입니다. 길동이가 정리한 것을 보며 내가 읽은 책을 떠올려 감동을 느꼈던 경험을 정리해 보세요.

책 제목	『리디아의 정원』	
책에서 나온 인물	리디아의 삼촌	
자신이 떠올린 인물	우리 삼촌	
그 인물을 떠올린 까닭	우리 삼촌도 리디아의 삼촌처럼 날 많이 사랑해 주신다.	

자신이 읽었던 책을 친구들에게 소개해 보려고 합니다. 소개하고 싶은 책의 제목을 써 보세요.

소개하고 싶은 책의 제목

 책에서 소개하고 싶은 것을 골라 ○표를 해 보세요.

줄거리　　소개하는 까닭　　지은이　　책에서 재미있는 부분

책에서 감동적인 부분　　출판사　　책의 분량　　그림

 친구들에게 책을 소개하면 어떤 점이 좋은지 이야기해 보세요.

친구들이 소개한 책을 찾아서 읽을 수 있어.

혼자 읽었을 때 잘 이해되지 않는 부분도 이해하게 되었어.

친구들에게 책을 소개하면서 읽은 내용을 다시 떠올릴 수 있지.

책을 읽었을 때의 감동을 다시 떠올릴 수 있어서 좋았어.

배울 거리 만화 영화를 보고 재미와 감동 표현하기

 이렇게 배워요

자신이 재미있게 읽었거나 감동을 받은 책을 친구에게 어떻게 소개할지 생각해 보세요. 「강아지 똥」에 나오는 인물을 살펴보세요.

선생님과 함께 미리 보는 국어책

강아지똥

어느 시골 돌담 밑에 강아지가 눈 똥.
자신이 쓸모없고 세상에서 가장 더럽다고
생각하며 슬퍼한다.

참새

나뭇가지에 앉아 있던 참새.
상대의 마음을 헤아리지 않고 함부로 말을 하여
강아지 똥에게 상처를 준다.

흙덩이

소달구지에서 떨어진 흙덩이.
강아지 똥에게 자신이 겪은 일을
이야기하며 희망을 주고, 소달구지에 실려
다시 밭으로 되돌아간다.

암탉

여러 마리 병아리의 엄마.
강아지 똥이 먹이인 줄 알고 먹으려고 했으나
쓸데없는 찌꺼기밖에 안 된다며 무시하고 가 버린다.

민들레꽃

봄이 되자 강아지 똥 옆에서 싹을 틔운 식물.
강아지 똥이 거름이 되어 준 덕분에
노란 민들레꽃을 피운다.

「강아지 똥」을 읽고 자신이 느낀 감동을 나타낼 수 있는 낱말을 찾아 ○표해 보세요. 그리고 그렇게 생각한 까닭을 말해 보세요.

권정생 선생님이 쓰신
『강아지 똥』을 읽고 느낀 감정을 정리해 보세요.

「강아지 똥」에서 감동적인 부분을 고르고 역할극을 해 보세요.

감동적인 부분 고르기

 난 강아지 똥이 민들레를 껴안는 장면이 감동적이었어.

 우리 그 장면으로 역할극을 해 보자. 역할을 먼저 정해 보자.

역할 정하기

강아지 똥, 민들레

이야기를 다시 읽으면서 연습하기

 역할극을 하고 나서 느낀 감동을 친구들과 이야기해 보세요.

친구들 각자 재미나 감동을 느낀 부분이 다를 거예요. 역할극을 하면서 친구들이 느낀 감동을 이야기해 보세요.

재미와 감동을 다양하게 표현해 보니 책을 다시 읽은 느낌이 들 거예요. 그림을 그려 보거나 글로 써서 감동을 표현해 보세요.

 우리 반 독서 잔치 열기

 이렇게 배워요

독서 잔치에 대한 만화를 읽고, 독서 잔치에 대해 알아본 후에 독서 잔치를 열어 보는 활동을 해 보세요. 길동이와 초희의 대화를 살펴보고 독서 잔치에 대해 알아보세요.

선생님과 함께 미리 보는 국어책

초희야, 우리 반에서 독서 잔치를 한대!

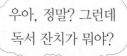
우아, 정말? 그런데 독서 잔치가 뭐야?

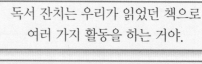
독서 잔치는 우리가 읽었던 책으로 여러 가지 활동을 하는 거야.

재미있겠다. 길동아, 어떤 활동이 있는지 더 알아보러 가자.

책을 읽고 느낀 점을 시와 그림으로
표현해서 전시할 수도 있어.

책을 읽고 문제를 내서 알아맞히는
놀이도 재미있겠는걸?

책을 가지고 한 사람씩 나와서 자신이 책에서
재미있게 읽었던 부분을 소개할 수도 있어.

책 속 인물을 초청해 질문을 주고받는 활동도
있네! 우리도 어떤 활동을 할지 정하자.

여러 가지 선택 활동의 활동 방법을 알아보고, 그 가운데에서 한 가지를 골라 활동을 해 보세요.

선택 활동 ① 시와 그림으로 표현하기

준비물 종이, 색연필, 사인펜 등

① 책을 읽고 느낀 점을 시로 표현합니다.
② 종이에 사인펜으로 시를 씁니다.
③ 시를 쓰고 남은 공간에 색연필로 어울리는 그림을 그려서 작품을 완성합니다.
④ 작품을 교실에 전시하고 감상합니다.

 시와 그림으로 표현할 때 재미있는 부분이 잘 나타나도록 만드는 방법을 이야기해 보세요. 시에 있는 낱말의 느낌이 잘 드러나게 표현해야 해요. 또 시의 느낌에 맞는 선, 색깔, 모양 등을 생각하며 그림을 그리는 것이 좋아요.

선택 활동 ② 친구에게 책 읽어 주기

준비물 책

① 반 친구가 모두 책을 한 권씩 가져옵니다.
② 각자 재미있게 읽었거나 감동을 받은 부분을 찾습니다.
③ 친구들 앞에서 5분씩 낭독합니다.
④ 한 친구의 낭독이 끝나면 다른 친구가 낭독을 계속합니다.

선택 활동 ③ 책 읽고 문제 알아맞히기

준비물 개인용 칠판, 칠판 펜, 칠판지우개

① 책에 대한 문제를 두세 가지 준비합니다.
② 자신이 내고 싶은 문제를 외웁니다.
③ 책상을 깨끗이 치우고 준비물을 올려놓습니다.
④ 친구들과 한 명씩 돌아가며 문제를 냅니다.
⑤ 문제를 알아맞힌 개수를 개인용 칠판에 기록합니다.
⑥ 가장 많은 문제를 알아맞힌 사람이 우승합니다.

선택 활동 ④ 인물 초청해 질문하기

준비물 인물의 얼굴 가면, 마이크

① 인물 역할을 할 사람을 정합니다.
② 인물 역할을 맡은 사람은 인물의 얼굴 가면을 쓰고 칠판 앞으로 나옵니다.
③ 질문이 있는 사람은 마이크를 들고 말하고, 인물 역할을 맡은 사람은 질문에 대답합니다.
④ 질문이 끝나면 다른 사람에게 마이크를 넘깁니다.
⑤ 인물의 역할을 바꾸어 계속합니다.

책을 읽고 인물을 초청해 질문하기 활동을 해 보면 인물의 입장이 되어 책을 더 깊이 이해할 수 있게 됩니다.

파란색으로 쓰인 낱말의 표기에 주의하며 글을 읽어 보세요. (   ) 안의 표기 가운데에서 어느 것이 바른 표기인지 ○표를 하세요.

> 할머니께 전화를 드렸는데 통화가 되지 않았다. 날이 어두워졌는데도 전화를 받지 않으셨다. 어머니께서도 걱정이 (되서, 돼서) 계속 전화를 거셨다. 할머니께서 시장에 가셨다가 친구를 만나서 집에 늦게 오게 (됬다고, 됐다고) 하셨다. 무사히 귀가하셔서 다행이다.

'ㅚ'와 'ㅓ'가 만나서 줄어들면 'ㅙ'로 써야 해요.

 파란색으로 쓰인 낱말을 준말로 바르게 표기하고, 완성한 문장을 소리 내어 읽어 보세요.

숙제가 계획한 대로 되어 간다.

우승하기 위해서는 이번 경기가 잘되어야 한다.

나도 이번 경기에 출전하게 되었다.

 되돌아보기 재미와 감동을 표현해 보기

 이렇게 배워요

10단원에서는 시의 내용에 어울리는 장면을 떠올리며 시 읽기, 이야기를 보고 재미있거나 감동적인 부분 찾기, 만화 영화를 보고 재미있는 장면이나 감동적인 부분을 친구에게 소개하기 등에 관해 배웠어요. 재미와 감동을 다른 사람에게 표현해 보세요.

 배운 것을 확인해 보세요.

질문	내 생각
• 시의 내용에 어울리는 장면을 떠올리며 시를 읽었어요.	● ● ●
• 이야기를 읽고 재미있는 장면을 찾았어요.	● ● ●
• 만화 영화를 보고 재미있는 장면이나 감동적인 부분을 친구에게 소개했어요.	● ● ●
• 독서 잔치에 적극적으로 참여했어요.	● ● ●

매우 잘함 ●●● 잘함 ●● 보통임 ●

배운 내용을 생활 속에서 실천해 보세요. 내가 할 수 있는 내용인지 확인해 보세요.

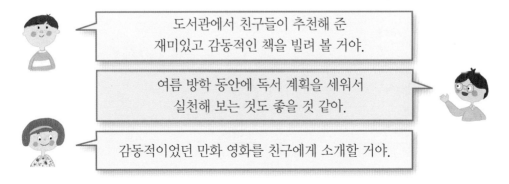

도서관에서 친구들이 추천해 준 재미있고 감동적인 책을 빌려 볼 거야.

여름 방학 동안에 독서 계획을 세워서 실천해 보는 것도 좋을 것 같아.

감동적이었던 만화 영화를 친구에게 소개할 거야.

예시 답안

1단원 재미가 톡톡톡

23쪽

창가에서 밖에 있는 개나리와 진달래를 보고 있었습니다.

진희-개나리가 노랗게 불을 켜고, 진달래가 분홍빛 물을 들였다고 했습니다.

진수-"폭! 폭! 폭! 팡! 팡! 팡!"이라고 표현하였습니다.

"폭!"은 개나리가 피는 소리이고, "팡!"은 진달래가 피는 소리입니다.

24쪽

새싹의 초록빛 발차기 / 쉬이익 쉬이익 파도의 숨소리 / 총총 내리는 봄비

27쪽

똑똑, 쏴아아쏴아아, 주룩주룩, 후두두둑 후두두둑 등 / '또로록'이라는 표현을 넣으면 비가 내리는 모습이 더 생생하고 실감 나게 느껴집니다.

28쪽

모습이 보이듯이, 소리가 들리듯이

이야기의 장면이 눈앞에 잘 그려진다. ○

29쪽

심술쟁이 / 깨끗이

35쪽

◎ 독수리처럼 슝 달려가는 자전거, ★ 부글부글 내 마음 끓는 소리, ♥ 보들보들 푹신한 내 곱슬머리

37쪽

로봇 박물관입니다. / 사람 대신 바다 깊은 곳에 가서 그곳의 상태를 조사합니다.

38쪽

로봇이 하는 여러 가지 일에 대해 썼습니다. / 로봇, 로봇이 하는 여러 가지 일입니다.

40쪽

문단 ①에서 글쓴이가 주로 말하고자 하는 내용 – 장승은 중요한 역할을 했다는 것입니다.

문단 ②에서 글쓴이가 주로 말하고자 하는 내용 – 장승의 모습은 아주 다양하다는 것입니다.

이 글은 크게 몇 개의 내용으로 구분할 수 있나요? – 두 개입니다.

두 개로 구분할 수 있다고 생각한 까닭 – 글의 내용이 바뀌는 부분이 두 군데이기 때문입니다. / 장승의 역할을 설명하는 내용에서 장승의 모습을 설명하는 내용으로 바뀌었기 때문입니다.

42쪽

장승은 중요한 역할을 했습니다.	○
우리 조상은 장승이 마을을 지켜 준다고 생각했습니다.	
나쁜 병이나 기운이 마을로 들어오는 것을 장승이 막아 준다는 것입니다.	
장승은 나그네에게 길을 알려 주기도 했습니다.	
또 마을과 마을 사이를 구분하는 역할도 했습니다.	

장승은 중요한 역할을 했습니다.	
우리 조상은 장승이 마을을 지켜 준다고 생각했습니다.	○
나쁜 병이나 기운이 마을로 들어오는 것을 장승이 막아 준다는 것입니다.	○
장승은 나그네에게 길을 알려 주기도 했습니다.	○
또 마을과 마을 사이를 구분하는 역할도 했습니다.	○

43쪽

장승의 모습은 아주 다양합니다.	○
우리 조상은 나무나 돌에 사람의 얼굴 형태를 조각해 장승을 만들었습니다.	
장승의 모습에는 할아버지처럼 친근한 얼굴도 있고, 도깨비처럼 무서운 얼굴도 있습니다.	
우스꽝스러운 장난꾸러기 얼굴을 한 장승도 있습니다.	

중심 문장 – 장승의 모습은 아주 다양합니다.

뒷받침 문장 – 우리 조상은 나무나 돌에 사람의 얼굴 형태를 조각해 장승을 만들었습니다.

　　　　　　　　장승의 모습에는 할아버지처럼 친근한 얼굴도 있고, 도깨비처럼 무서운 얼굴도 있습니다.

　　　　　　　　우스꽝스러운 장난꾸러기 얼굴을 한 장승도 있습니다.

46쪽

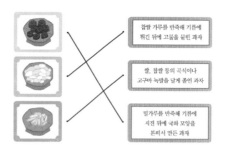

① 우리 조상은 여러 가지 한과를 만들어 먹었습니다.

② 약과는 밀가루를 꿀과 기름 등으로 반죽해 기름에 지진 과자입니다.

③ 강정은 찹쌀가루를 반죽해 기름에 튀긴 뒤에 고물을 묻힌 과자입니다.

④ 엿은 곡식이나 고구마 녹말에 엿기름을 넣어 달게 졸인 과자입니다.

48쪽

②

나는 성격이 온순한 골든햄스터를 특히 좋아합니다. ○

49쪽

바다에서 물고기를 잡을 수 있습니다. / 농구는 손으로 공을 던져서 넣는 운동입니다.

51쪽

생략

53쪽

중심 문장의 내용을 이해하기 쉽게 예를 들어서 쓴다. 중심 문장을 자세히 설명하는 내용으로 쓴다.

3단원 알맞은 높임 표현

57쪽

할머니와 전화 통화를 할 때 높임 표현을 사용했습니다. 선생님께 질문할 때 높임 표현을 사용했습니다. / 할머니를 높이기 위해 "진지 잡수셨어요?", "할머니 안녕히 계세요."라고 말했습니다. / 어떤 낱말을 사용해야 할지 몰라 어려웠습니다. 친구에게 말할 때와 문장을 끝맺는 말이 달라 어려웠습니다.

60쪽

① / ①, ④

61쪽

②, ③ / ③, ④

62쪽

바른 자세로 말합니다. 듣는 사람을 바라보면서 말합니다. 알맞은 높임 표현을 사용합니다. 예의 바르게 말합니다.

64쪽

아버지가 뭐래? / 아버지께서 장바구니를 챙기라고 하셨어.

67쪽

69쪽

실망했을 거야, 좋은 결과가 있을 거야, 너를 믿어

70쪽

기뻤어, 속상했어, 미안했어, 멋진 친구야, 친하게 지내자

71쪽

감사합니다, 아쉬웠어요, 두근거려요, 사랑해요

72쪽

나도 처음에는 한자 쓰기를 잘 못했는데 열심히 연습해서 한자왕이 된 적이 있어. 좀 더 노력하면 더 좋은 결과를 얻을 수 있을 거야.

마음을 전하는 글을 받은 경험 – 친구에게 사과 편지를 받은 적이 있다. 칭찬 쪽지를 받은 적이 있다. 엄마께서 생일 축하 편지를 써 주셨다.

마음을 전하는 표현 – 고마워, 대단하다, 미안해, 정말 축하해, 아쉬웠어, 앞으로 친하게 지내자 등

75쪽

"제 머리핀인데 왜 민주가 하고 갔어요?"– 화남.

책상에 엎드림.–속상함.

77쪽

잘못된 부분–전하고 싶은 마음과 어울리지 않는 표현이 있습니다.

근사하다, 훌륭하다

격려하는 마음, 위로하는 마음 / 마음이 잘 드러나게 편지를 쓰지 않았다.

이어달리기 선수가 되고 싶어서 달리기 연습도 열심히 했는데 많이 아쉬울 거야. 하지만 포기하지 말고 다음에 꼭 다시 도전해. 힘내! / 네가 우산을 씌워 주지 않았다면 책가방도 옷도 다 젖었을 거야. 너도 내 도움이 필요할 때 언제든지 이야기해. 정말 고마워.

5단원 내용을 정리해요

옛이야기 속의 과학 지식을 조사하는 것입니다. / 이야기 알기, 이야기 속으로, 이야기 세상입니다. / 선생님의 말씀을 제대로 듣지 않았기 때문입니다. 선생님의 말씀을 기억하지 못했기 때문입니다.

「흥부와 놀부」 2. 체험 활동 3. 이야기 세상

한꺼번에 많은 내용을 들으면 오래 기억하지 못하기 때문입니다. 나중에 기억하기 위해서입니다. 중요한 내용을 표시해 두기 위해서입니다.

중심 문장, 전체, 이어 주는 말

② 새로 만들어진 운동으로 스포츠 스태킹이 있습니다.

④ 우리나라의 전통 놀이를 새롭게 바꾸어 만든 운동에는 한궁이 있습니다.

글을 읽고 중심 문장을 찾았어. 그리고 그 중심 문장들을 이어서 전체를 간추렸어. ○

중심 문장을 찾아 가며 글을 읽었어. 그리고 전체 글에서 중심 문장 하나만 남기는 방법으로 간추렸어. ○

생활 속에서 쉽게 할 수 있는 운동에 관심이 많아지면서 예전에 볼 수 없었던 새로운 운동이 많이 늘어나고 있습니다. 새로 만들어진 운동으로 스포츠 스태킹이 있습니다. 그리고 예전부터 외국에서 즐기다가 최근에 우리나라에 들어온 운동으로 슐런이 있고, 우리나라의 전통 놀이를 새롭게 바꾸어 만든 운동에는 한궁이 있습니다. 이런 새로운 운동들은 규칙이 간단해 쉽게 배울 수 있고 특별한 운동 기술이 필요하지 않아 누구나 즐길 수 있다는 좋은 점이 있습니다.

『세상을 돌고 도는 놀라운 물의 여행』입니다. / 우리가 살아가는 데 꼭 필요한 것은 물이라는 사실을 알려 주려고 정했습니다. / "우리가 사는 지구에는 …… 물일지도 모른다고 합니다."

메모, 중요한, 중심 문장

6단원 일이 일어난 까닭

쓰레기를 버릴 때 불편한 점-어두워지면 밖에 나가기가 무서웠습니다. 골목 입구에 쓰레기가 쌓여 있어서 다닐 때 불편했습니다.

원인-쓰레기를 버리러 가기 편리하게 하기 위해서입니다. 쓰레기 분류 배출을 잘 할 수 있게 하기 위해서입니다.

마을 골목이 더 깨끗해질 것입니다. 사람들이 더 철저하게 분류 배출을 할 것입니다.

100쪽

지후가 수영을 배움. -④

지후가 수영모를 집에 두고 옴. -②

지후가 엄마의 말씀을 경청하지 않음. -①

준영이가 지후에게 수영모를 빌려줌. -③

101쪽

지후가 엄마의 말씀을 경청하지 않음, 지후가 수영을 배움.

104쪽

결과, 순서, 소개

105쪽

애, 쟤, 걔

106쪽

애, 쟤, 걔

107쪽

일이 일어난 (원인)과/와 (결과)을/를 살펴봐요.

7단원 반갑다, 국어사전

112쪽

고구마, 끝, 누룽지, 담, 띠, 렌즈, 미술관, 부채, 뿔, 시험, 씨앗, 의자, 조각, 찌르레기, 침대, 키, 투호, 품삯, 흙

114쪽

가게 ㅇ '가게'는 모음자가 'ㅏ'이므로 모음자가 'ㅓ'인 거미보다 먼저 실립니다. / 하늘 ㅇ 받침이 없는 '하'로 시작하는 '하늘'이 받침이 있는 '학'으로 시작하는 '학교'보다 먼저 실립니다. / 학교 ㅇ 받침이 'ㄱ'인 '학'으로 시작하는 '학교'가 받침이 'ㄴ'인 '한'으로 시작하는 '한국'보다 먼저 실립니다. / 한국 ㅇ 첫 번째 글자가 같으면 두 번째 글자의 첫 자음자가 'ㄱ'인 '한국'이 첫 자음자가 'ㅂ'인 '한복'보다 먼저 실립니다.

115쪽

나비 → 라디오 → 사탕 / 사슴 → 사슴 → 사진 / 고구마 → 고슴도치 → 고양이 / 바다 → 발등 → 발자국 / 삶 → 삶 → 상

생략

117쪽

웃다, 달리다, 일어서다 / 작다, 넓다, 많다, 높다

먹, 었다, 으면, 먹, 고

118쪽

높, 고, 은, 높, 아서

120쪽

모양이 바뀌지 않는 부분 - 묶, 묶

기본형 - 묶다

121쪽

씻다, 낚아채다, 뒤쫓다 / 낚아채다 → 뒤쫓다 → 받다 → 씻다

123쪽. 124쪽

생략

125쪽

발견 → 발명 → 잃다 → 잊다

발견-미처 보지 못했던 사물이나 알려지지 않은 사실을 찾아내다.

잃다-자기가 알지 못하는 사이에 떨어뜨리거나 놓쳐서 가지지 않게 되다.

잊다-기억하지 못하거나 기억해 내지 못하다.

8단원 의견을 찾아요

130쪽

지구가 병이 듭니다. / 지구는 앞으로도 우리가 살아가야 할 터전이기 때문입니다. / 우리 자신입니다.

2. 일회용 컵의 사용을 줄여야 합니다. 일회용 컵 대신 여러 번 사용할 수 있는 컵을 사용해야 합니다.

3. 나무젓가락의 사용을 줄여야 합니다. 여러 번 쓸 수 있는 젓가락을 사용해야 합니다.

131쪽

우리는 지구를 깨끗하게 하기 위하여 노력해야 합니다. 그러기 위해 다음과 같이 일회용품의 사용을 줄여야 합니다. 첫째, 비닐봉지의 사용을 줄여야 합니다. 여러 번 사용할 수 있는 가방이나 장바구니 등을 활용하면 좋겠습니다. 둘째, 일회용 컵의 사용을 줄여야 합니다. 셋째, 나무젓가락의 사용을 줄여야 합니다. 여러 번 쓸 수 있는 젓가락을 사용하면 좋겠습니다. 일회용품의 사용을 줄이고 우리 모두가 지구 지킴이가 된다면 깨끗한 지구를 만들 수 있습니다.

여러 번 사용할 수 있는 컵을 사용합니다. 불필요한 포장을 하지 않습니다. 일회용 접시를 사용하지 않습니다.

134쪽

- 서로 도와야 합니다. ○
- 서로 양보해야 합니다. ○
- 바르고 고운 말을 해야 합니다. ○

우리가 사이좋게 지내기 위해서는 서로 돕고 양보해야 합니다. 그리고 서로 의견을 존중하고 상대에게 고운 말을 해야 합니다.

136쪽

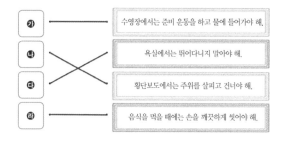

글쓴이의 생각을 나타낸 문장을 찾아요. ○

'~라고 생각합니다' 등의 의견을 드러내는 문장을 찾아요. ○

글쓴이의 생각이 나타나는 '~해야 한다' 등으로 끝나는 문장을 찾아요. ○

139쪽

계단에서는 걸어 다녀야 합니다. 계단에서 뛰지 맙시다. 계단에서는 천천히 걸어 다닙시다.

9단원 어떤 내용일까

141쪽

생략

143쪽

오래 써서 길이, 두께, 크기 등이 조금씩 줄다.

연필이 닳아서 짧아졌다. 양말이 닳아서 구멍이 났다.

앞뒤, 비슷, 예

146쪽

생략

147쪽

시간에 맞추어 먹었습니다. 밥을 먹은 뒤에 먹었습니다. 다른 음료수가 아닌 물과 먹었습니다.

내 약이 맞는지 확인하고 먹습니다. 어린이가 먹어야 하는 양을 먹습니다. 약을 먹는 시간을 적어 둡니다.

유통 기한이 지난 약은 먹지 않습니다. 약을 버릴 때에는 약국에 가져갑니다.

148쪽

좀 / 좀, 좀

149쪽

예, 비슷한

10단원 문학의 향기

151쪽

『훨훨 간다』와 『리디아의 정원』입니다.

말을 소리 내어 읽어 보면 재미있다고 하였습니다.

리디아가 만든 아름다운 정원의 모습이 감동적이라고 하였습니다.

160쪽

돼서, 됐다고 / 돼, 잘돼야, 됐다